함수형 프로그래밍

함수형 프로그래밍

함수적으로 생각하고 코드 복잡성 관리하기

이진호 · 한용진 옮김   잭 위드먼 지음

에이콘

에이콘출판의 기틀을 마련하신 故 정완재 선생님 (1935-2004)

나의 멋진 세 딸 캐서린(Katherine), 애니(Annie),
빅토리아(Victoria) 그리고 다방면으로 나를 지지하고
사랑해 준 안드레아(Andrea)에게 이 책을 바친다.

옮긴이 소개

이진호(ezno.pub@gmail.com)

성균관대학교 컴퓨터교육과를 졸업하고, 기업은행과 금융결제원을 거쳐 금융보안원에서 재직 중이다. 최근 미국으로 연수를 떠나 캘리포니아 대학교 데이비스$^{UC\ Davis}$에서 컴퓨터 과학 석사 과정을 수료했다. 사이버 보안 분야뿐만 아니라 다른 사람들에게 지식을 전달하는 일에도 관심이 많아 다양한 책을 번역하고 있다. 지금까지 에이콘출판사에서 『실전 버그 바운티』(2021), 『AWS 침투 테스트』(2020), 『금융 사이버 보안 리스크 관리』(2019) 등 총 8권의 책을 번역했다. 자세한 소개는 링크드인(https://www.linkedin.com/in/pub-ezno/)에서 확인할 수 있다.

한용진(yj94730@gmail.com)

동국대학교 컴퓨터공학과를 졸업 후 현재 캘리포니아 대학교 데이비스에서 컴퓨터 과학 석사 과정을 밟고 있다. 프로그래밍 언어론과 자동 프로그래밍에 관심이 많으며, 신뢰 가능하고 안전한 소프트웨어 개발을 연구 목표로 하고 있다.

옮긴이의 말

최근 스칼라, 코틀린, 타입스크립트, 하스켈 등 다양한 함수형 프로그래밍 언어가 소프트웨어 개발에 활용되고 있다. 이러한 인기의 비결은 함수형 프로그래밍만이 갖고 있는 여러 특징 때문이다. 많은 프로그래밍 언어가 개발의 편의성을 이유로 동적 타입 시스템을 적용한 프로그래밍 언어를 사용하고 있다. 그러나 이는 유지 보수를 어렵게 만들며 예기치 못한 오류를 발생시킨다. 반면, 함수형 프로그래밍은 부수 효과 side effect 가 없기 때문에 테스팅과 디버깅에 용이하다는 장점이 있다. 정적 타입 시스템을 채택한 함수형 프로그래밍은 이러한 장점을 극대화시킬 수 있다. 하지만 함수형 프로그래밍은 반복문, 조건문과 같은 기본적인 문법만 익혀서는 효과적으로 실무에 사용할 수 없으며 일급 객체, 범주론, 집합론 등 다양한 수학적 개념을 익혀야 효과적으로 사용할 수 있다. 이 책에서는 이러한 수학적 개념들과 함께 불변성, 지연 계산법과 같은 특징을 다루기 때문에 함수형 프로그래밍의 본질을 이해하고 실제 업무에 활용하는 데 많은 도움이 될 것이다.

과거 명령형 프로그래밍만 전적으로 사용하던 시절이 있었지만 현재는 객체지향 프로그래밍과 명령형 프로그래밍이 함께 조화를 이루고 있다. 앞으로는 함수형 프로그래밍과 객체지향 프로그래밍을 함께 활용하는 개발 방법론이 적용될 것이다. 이 책은 이러한 함수형 프로그래밍과 객체지향 프로그래밍을 함께 사용할 수 있는 방법도 다루고 있다. 프로그래밍 언어 연구에 매진하는 연구원으로서 함수형 프로그래밍을 배우고 싶어 하는 독자에게 이 책을 강력히 추천한다.

지은이 소개

잭 위드먼^{Jack Widman}

학계에서 수학자로 커리어를 시작했다. 미적분학 및 이산 수학 과정을 가르치면서 의사 콤팩트^{pseudo-compact} 위상군^{topological group}의 복잡한 수학 이론을 연구하고 지도했다. 그러던 중 친구의 제안으로 프로그래밍을 접하고 적성에 맞는지 알아보기로 결심했다. 그로부터 24년이 지난 지금, 꾸준히 코드를 설계하고 작성하고 있다. 수학 박사 학위와 24년간의 소프트웨어 산업군의 경력을 바탕으로 수학적 뿌리가 깊은 함수형 프로그래밍에 관한 책을 집필하자는 아이디어를 떠올렸고, 이 책을 완성했다. 여가 시간에는 사이버 보안에 관한 다양한 글을 읽고, 쓰고, 배우는 것을 즐긴다.

차례

들어가며

최근 몇 년간 함수형 프로그래밍은 부흥기를 맞이하고 있다. 자바, 자바스크립트, 파이썬과 같이 처음부터 함수형으로 설계되지 않았던 프로그래밍 언어들이 시간이 지나면서 함수형 기능을 포함하도록 발전함에 따라 수많은 회사에서 함수형 프로그래밍 경력을 보유한 프로그래머를 찾고 있다. 함수형 개발 경력을 보유한 프로그래머에 대한 수요는 함수형 방식을 따를 때 버그가 더 적게 생성되고 확장 가능한 견고한 코드를 생성하는 등 개발 프로세스가 개선될 것이라는 인식에 기반을 두고 있다. 시간이 흘러감에 따라 이것이 사실인지에 대한 여부와 앞으로 작성될 코드에서 함수형 코드의 비율이 더 높아질지에 대한 여부는 더 분명해질 것이다. 지금은 함수형 프로그래밍을 각각 장단점을 보유한 여러 패러다임 중 하나로 생각하자.

이 책의 대상 독자

모든 프로그래머를 대상으로 한 책이다. 함수형 프로그래밍에 대한 경험은 없지만 들어본 적이 있고, 궁금한 점이 많거나 지식이 전혀 없는 상태에서 서점에서 이 책을 구매한 경우에도 유용할 것이다. 숙달된 함수형 프로그래머 또한 도움이 될 만한 내용을 찾을 수 있을 것이다. 다른 책에서는 다루지 않는 방식으로 함수형 프로그래밍의 범주론의 근간을 심층적으로 설명한다. 마지막으로 활용 경험이 어느 정도 있지만 함수형 프로그래밍을 구성하는 개념과 이론을 더 깊이 이해하고 싶은 프로그래머는 이 책을 통해 많은 것을 배우고 즐길 수 있을 것이다.

이 책의 구성 방법

다양한 프로그래밍 언어로 함수형 구조를 통해 코드를 개선시키는 방법을 보여주고자 노력했다. 하지만 함수형 아이디어를 스칼라로 쉽게 표현할 수 있어 코드 예제로 스칼라를 자주 선택했다. 독자 여러분은 스칼라가 지원하는 자연스러운 방식으로 함수형 아이디어를 표현할 때 더 쉽게 이해하고 파악할 수 있을 것이다. 스칼라에 대한 간단한 개요는 부록을 참고하자.

편집 규약

이 책에서는 다음과 같은 표기법을 사용한다.

고딕 글자
본문 중에서 새로 나온 용어나 메뉴 항목 등을 표시한다.

고정폭 글자
변수 또는 함수 이름, 데이터베이스, 데이터 유형, 환경 변수, 명령, 키워드와 같은 프로그램 요소를 참조하고자 단락 내에서뿐만 아니라 프로그램 목록에 사용한다.

고정폭 굵은 글자
사용자가 입력해야 하는 명령을 표시한다.

이 요소는 팁이나 제안을 의미한다.

 이 요소는 일반적인 참고를 의미한다.

 이 요소는 경고나 주의를 나타낸다.

문의

이 책에 관한 의견이나 문의는 출판사로 보내주길 바란다.

이 책의 오탈자 목록, 예제, 추가 정보는 책의 웹 페이지인 https://oreil.ly/ learning-fp를 참고한다. 한국어판의 정오표는 에이콘출판사의 도서정보 페이지(http://www.acornpub.co.kr/book/functional-programming)에서 확인할 수 있다.

이 책의 기술적인 내용에 관한 의견이나 문의는 메일 주소 bookquestions@ oreilly.com으로 보내주기 바란다. 그리고 한국어판에 관해 질문이 있다면 에이콘출판사 편집 팀(editor@acornpub.co.kr)이나 옮긴이의 이메일로 연락주길 바란다.

표지 설명

표지에 등장하는 동물은 생물발광 문어^{bioluminescent octopus}라고도 알려진 스타우로테우티스 시르텐시스^{Stauroteuthis syrtensis}다. 이 작은 두족류는 대서양, 일반적으로 미국 동부 해안의 대륙붕 가장자리 근처에서 발견된다. 최대 수심 4,000미터^(약 2.5마일)에서 관찰되며 3.3℃ 근처의 수온을 선호한다.

생물발광 문어는 반투명한 적갈색 피부를 갖고 있으며, 이러한 피부는 해저 근처의 차갑고 어두운 바다 속에서 위장막 역할을 한다. 부드러운 외피는 길이가 2~4인치이며 다양한 길이를 가진 8개의 팔로 둘러싸여 있는데, 그중 가장 긴 팔은 약 14인치에 이른다. 이 팔은 외피에서 3분의 2 정도 아래로 뻗은 2개의 거미줄로 연결돼 있어 스타우로테우티스 시르텐시스는 우산이나 종과 같이 펼쳐진 모양을 하고 있으며, 이 모양을 손상시키지 않고 팔을 움직일 수 있다. 연구자들은 이 문어를 주로 양팔을 바깥쪽으로 벌린 종과 같은 모습으로 관찰했지만, 해파리처럼 거미줄을 수축시켜 물을 배출함으로써 스스로 추진력을 얻을 수도 있다. 각 팔에는 40~50개의 빨판이 있지만 다른 문어 종과 달리 이 빨판에는 접착성이 없다. 대신 빨판은 최대 5분 동안 청록색 빛을 내는 발광 기관의 역할을 한다. 이 문어는 먹이를 유인하거나 포식자로부터 방어할 수 있는 생물발광을 사용할 수 있는 몇 안 되는 종 중 하나다.

바다 밑바닥에서 많은 시간을 보내기 때문에 생물발광 문어의 행동과 식습관은 관찰하기 어려웠다. 과학자들이 아직 어린 표본을 발견하지 못했기 때문에 발육과 수명에 대해 알려진 바가 거의 없지만, 한 번에 약 900개의 알을 낳는 것으로 알려져 있다. 보존된 표본을 조사한 결과, 코페포드와 같은 작은 갑각류를 먹고 종 모양의 거미줄이 동물성 플랑크톤을 포획하는 데 사용될 수 있는 것으로 보인다.

일부 연구에 따르면 스타우로테우티스 시르텐시스가 어업용 트롤어선에 의해 부상을 입었다고 하지만, 해양 서식지의 수심이 깊기 때문에 기후 변화나 오염과 같은 기타 사람의 위협으로부터 어느 정도 보호받을 수 있을 것으로 보인다.

오라일리 출판사의 표지에 등장하는 많은 동물은 멸종 위기에 처해 있으며, 모두 전 세계에 소중한 생명체들이다.

표지는 카렌 몽고메리의 작품으로, 『Cephalopods of the North-Eastern Coast of America(미국 북동부 해안의 두족류)』에 실린 흑백 판화를 바탕으로 제작했다.

1장

함수형 프로그래밍 소개

함수형 프로그래밍^{FP, Functional programming}이란 무엇인가? 평터^{functor}, 모노이드^{monoid}, 모나드^{monad}는 무엇일까? "나는 수학자가 아니야!"라고 말하고 싶을지도 모른다. 어떻게 하면 이러한 난해한 개념을 배울 수 있을까? 그리고 이러한 개념을 배우고 싶은 이유는 무엇일까? 이러한 고민에 대해 충분히 공감할 수 있을 것이다. 하지만 함수형 프로그래머가 되고자 굳이 수학자가 될 필요는 없다.

함수형 프로그래밍의 기본 개념이 명확하고 직관적으로 제시된다면 이를 이해하는 것은 어렵지 않다. 그리고 이 책에서는 이러한 방식으로 함수형 프로그래밍을 이해하기 쉽고 실제 업무에 활용하는 방법을 가르쳐줄 것이다. 특히 함수형 프로그래머처럼 생각하는 방법을 알려주려고 노력할 것이다. 먼저 함수형 프로그래밍을 배워야 하는 이유가 무엇일까?

다음과 같은 상황을 함께 떠올려보자. 오후 10시다. 다음날 아침에 제출해야 하는 프로그램의 버그를 수정하는 동안 작업이 완전히 중단됐다. ratio라는 변수가 문제의 핵심인 것으로 파악된다. 여기서 문제는 모델링하는 시스템의 상태에 따라 변수 ratio 값이 계속 변경된다는 것이다. 여러분의 좌절감은 커져만 갈 것이다. 아니면 업무에 마감일이 정해져 있고 추적 중인 마이크로서비스에 파악하기 어려운 버그가 발생했다고 가정해보자. 문제는 변수가 상당히 복잡한 방식으로 수정되는 2개의 중첩 for 반복문에 있는 것 같다. 논리는 복잡하고

좀처럼 해결 방법이 보이지 않는다. 변수의 값이 변하지 않는 방식으로 프로그램을 작성할 수 있는 방법이 있다면 얼마나 좋을까! 바로 이러한 문제를 함수형 프로그래밍이 해결할 수 있다.

 값이 자주 변경되는 변수는 프로그램에서 대부분 버그의 원인이 된다. 변수의 값은 언제든지 변경될 수 있기 때문에 추적하기 어려울 수 있다.

그렇다면 함수형 프로그래밍은 무엇인가? 언어를 함수적으로 만들고 함수적이지 않게 만드는 기준은 무엇일까? 사실은 "어느 수준까지 함수형 프로그래밍을 준수할 것인가?"에 대한 문제다. 함수형 프로그램이라고 명시된 모든 원칙을 반드시 따를 필요는 없다. 일부 사람은 원칙을 모두 준수하려고 할 것이며, 다른 사람은 일부만 선택적으로 준수할 것이다. 이는 전적으로 여러분의 결정에 달려 있다. 함수형 프로그래밍은 패러다임인 동시에 프로그래밍에 대한 접근 방식 그리고 전체를 세분화하고 코드로 다시 결합하는 방법이다. 여기에는 우리가 모델링하는 대상의 일부를 구성하는 방법과 코드의 구성 및 구조화 방법 모두가 포함된다.

함수형 프로그래밍의 본질을 더 잘 설명하기 위해 **명령형 프로그래밍**imperative programming과 **객체지향 프로그래밍**OOP, Object-Oriented Programming을 비교하며 시작하겠다. 논리 **프로그래밍**logic programming과 같은 다른 개념이 있지만 언급된 3가지 프로그래밍이 가장 많이 사용된다.

명령형 프로그래밍을 평범하고 오래된 프로그래밍이라고 생각할 수도 있다. 명령형 프로그래밍은 OOP와 함수형 프로그래밍 개념이 등장하기 이전부터 있었다. 명령형 프로그래밍에서는 함수나 프로시저procedure를 작성하고 for 및 while 루프를 사용하고 상태state를 자주 변경mutate한다. 명령형 프로그래밍 언어로는 일반적으로 C나 파스칼Pascal과 같은 언어가 있다. 그다음으로 OOP가 있다. 현재 가장 대중적인 패러다임인 OOP는 세상을 객체의 모음으로 모델링하는 과정을 거친다. 각 객체^{object}는 상태 및 해당 객체와 관련된 특정 동작을 나타내는 작업인 메서드^{method}가 있다. 프로그램이 실행되면 객체의 상태가 변경된다. 이러한 접근 방식의 이점으로는 캡슐화^{encapsulation}가 있다. 캡슐화는 객체에 속한 상태와 메서드가 코드 수준에서 객체 내에 존재하는 것을 의미한다. 변경 가능한^{mutable} 상태를 관리하는 것은 굉장히 어렵기 때문에 상태를 코드 전체에 분산시키는 것보다 캡슐화는 훨씬 좋은 아이디어다. 여러 변수를 가질 수 있으며 변수의 값을 변경할 수 있다. 이러한 사실을 인정하고 완전히 막을 수 없을지라도 상태 변화를 최소화하는 것이 함수형 프로그래밍의 접근 방식이다.

변화하는 상태를 관리하기보다 변화를 허용하지 않는 것이 함수형 프로그래밍의 기본 원칙이다.

변경 가능한 상태를 피하는 것이 항상 가능한 것은 아니므로 표준 함수형 프로그래밍 접근 방식은 상태를 변경하는 코드 부분을 분리하는 것이다. 상태가 변화하는 것을 모두 막을 수 없지만 적어도 상태를 변화시키는 코드를 일부로 국한시킬 수 있다.

불변성

함수형 프로그래밍의 가장 중요한 측면은 불변성^{immutability}이다. 불변성은 일반적으로 변경이 없는 것을 의미한다. 어떤 방식으로도 수정할 수 없는 경우 이를 불변으로 간주한다. 함수형 프로그래밍에서 불변성은 다음과 같은 특징을 의미한다. 변수는 한 번 설정되면 값을 변경할 수 없다. 프로그램 시작 부분에서 x = 3이면 프로그램의 나머지 부분에 대해 해당 값을 갖는다. 프로그램을 함수형 스타일로 작성했는데, 사람의 나이가 바뀌면 이러한 변경 사항을 모델링할 수 없다는 것을 의미할까? 당연히 아니다. 이는 터무니없다. 상태를 변경하지 않고 코드를 조작할 수 있는 **효율적으로 복사하기**^{efficient copying}와 유사한 기술이 있다. 다음과 같이 0에서 99까지 숫자를 출력하는 자바^{Java}의 간단한 **for** 반복문을 살펴보자.

자바

```java
for (int i = 0; i < 100; i++) {
    System.out.println( i );
}
```

이러한 유형의 코드는 흔하다. 여러분은 이를 변하지 않는 방식으로 표현할 수 있는 방법이 궁금할 것이다. 이 코드의 핵심은 변수 i의 값을 변경하는 것이다. 함수형 프로그래밍의 일반적인 접근 방식은 자신을 호출하는 **재귀 함수**^{recursive function}를 사용하는 것이다. 앞의 코드에서는 코드를 함수에 넣은 다음 매번 반복할 때마다 i의 다음 값으로 함수를 호출할 수 있다. 다음의 예제를 보자.

자바

```java
void f(int i) {
    if (i > 99) {
        return;
    }
    else {
        System.out.println( i )
        return f(i+1)
    }
}

f(0)
```

이제 코드는 좀 더 길어졌지만 어떠한 상태도 변경되지 않는다. 함수형 프로그래밍에 대해 배경지식이 있다면 반환 타입$^{return\ type}$이 void인 경우 부작용이 발생한다는 것을 알 수 있다.[1] 함수 외부에서 프로그램에 영향을 주는 모든 것은 부작용에 해당한다. 파일에 쓰기, 예외 발생 또는 전역 변수 수정과 같은 작업을 예로 들 수 있다. 앞의 코드 예는 상태 변경을 피하기 위한 한 가지 방법을 보여준다. 여러분은 프로그래밍 업무를 하는 동안 상태를 변경해왔으며, 이는 필수적으로 보일 것이다. 하지만 다음과 같은 2가지를 기억해야 한다.

- 상태를 변경하는 것이 자연스럽게 느껴질 수 있다.
- 상태 변경은 코드를 복잡하게 만드는 주요 원인이다.

함수형 프로그래밍 방식을 꾸준히 연습하면 위의 내용이 자연스럽게 느껴질 것이다.

상태 변경을 피하기 위한 또 다른 기술을 살펴보자. 속성^{property}이나 필드^{field}를 변경할 수 있는 객체가 있다고 가정하자. 여기서 코드의 변수를 변경하지 않고 현재 상황을 모델링하는 방법을 찾을 수 있을까? 먼저 자바의 예를 살펴보자.

자바

```
public class Person {
    private final String name;
    private final int a age;
    public Person(String name, int age) {
        this.name = name;
        this.age = age;
    }

    public static void main(String[] args) {
        Person person = new Person("Carl", 32);
```

---

1. 함수형 프로그래밍에서 모든 함수는 값을 반환해야 한다. void는 부작용이 발생할 것이라는 확실한 신호다.

```
        // 1년 후
        Person changedPerson = new Person("Carl", 33); ❶
        System.out.println(changedPerson);
    }
}
```

❶ Person 객체의 age 값을 수정하지 않는 대신 새로운 객체를 만들고 생성자에
서 새로운 age 값을 초기화한다.

이제 파이썬^{Python}의 예를 살펴보자.

파이썬

```
class Person:
  def __init__(self,name,age):
    self.name = name
    self.age = age

  def main():
    person = Person("John",22)
    # 1년 후
    changedPerson = Person("John",23)
```

1년이 지난 것을 반영하기 위한 Person 객체가 필요하다. 그러나 age 값을 변경
할 수 없다. 따라서 age 변수 값을 23으로 초기화하는 또 다른 불변^{immutable} 객체
를 생성했다.

이제는 스칼라^{Scala} 예를 살펴보자.

스칼라

```
case class Person(name: String, age: Int) ❶
val person = Person("Katherine", 25)        ❷
```

```
val changedPerson = person.copy(age=26)    ❸
```

❶ case 클래스를 선언한다.

❷ 클래스의 인스턴스를 만든다.

❸ Person의 새 인스턴스를 만들고 age를 26으로 초기화한다. 상태가 변경되지
  않았다.

불변성은 함수형 프로그래밍의 가장 중요한 측면 중 하나다. 프로그램에 변경
가능한 상태가 많으면 다수의 버그가 발생한다. 변화하는 모든 값을 추적하는
것은 쉽지 않다. 지금까지 상태를 변경할 수밖에 없는 상황에서 문제를 해결하
는 방법에 대한 몇 가지 예를 살펴봤다. 익숙해지려면 조금 시간이 걸리지만
연습을 통해 이러한 기술을 사용하는 것이 자연스럽게 느껴질 수 있을 것이다.

참조 투명성

함수형 프로그래밍에서 다음으로 중요한 구성 요소는 **참조 투명성**^{Referential Transparency}
이다. 코드의 어느 곳에서나 해당 값으로 변경할 수 있다면 표현식이 참조적으
로 투명하다고 말할 수 있다. 여러분이 이 개념을 처음으로 접했다면 언제든지
이렇게 활용할 수 있다고 생각할 수 있다. 이번에는 참조적으로 투명하지 않은
함수의 간단한 예를 살펴보자.

자바

```
today()
```

이 함수를 호출해 "May 29th, 2021" 값을 가져온 후 코드에서 값을 변경하고
다음날 이 값을 호출하면 잘못된 결괏값을 갖는다. 따라서 today 함수는 참조적

으로 투명하지 않다.

다음은 참조 투명성의 몇 가지 예에 해당한다.

- 랜덤 값을 반환하는 함수를 생각해보자. 이러한 함수를 한 번 호출하면 함수의 핵심 부분을 수정할 수 없을 것이다.

- 함수가 예외^{exception} 발생 여부를 알려줬다. 일반적으로 함수형 프로그래밍에서는 예외가 발생하는 상황을 피해야 한다. 이 부분은 나중에 다시 다룬다.

참조적으로 투명하지 않은 함수를 전혀 사용하지 않는다면(우리의 목표이기도 하다) 유용한 기능을 표현할 수 없는 등 일부 중요한 기능을 사용할 수 없을 것이다. 하지만 다행히도 이러한 것을 표현하기 위한 함수적인 방법이 있다.

함수형 프로그래밍을 다루는 글에서 볼 수 있는 개념으로 순수성^{purity}이 있다. 불행히도 순수성과 참조 투명성 사이의 관계를 다루는 문헌에서 약간의 혼동이 있으며, 모든 사람이 용어의 의미에 동의하고 있지는 않다. 일반적으로 함수는 부수 효과$^{side\ effect}$가 없고 주어진 입력에 대해 항상 동일한 출력값을 반환하는 경우 순수하다^{pure}고 한다. 이는 기본적으로 입력이 x이고 출력이 y이면 입력 파라미터^{parameter}로 x를 사용해 함수를 몇 번 호출하던지 상관없이 함수가 y를 반환한다는 것을 의미한다. 부수 효과는 함수의 콘텍스트^{context} 외부에서 발생하는 모든 것이다. 파일에 기록하고 예외를 전달해주는 것은 부수 효과의 2가지 예다. 파일에 기록해야 한다는 사실을 잠시 잊고(예외를 전달할 필요는 없다는 사실에는 의견이 다를 수 있지만) 동일한 입력 파라미터를 사용해 함수를 호출할 때마다 동일한 출력값이 나오며 함수 외부에서는 어떠한 것도 변경되지 않는다면 얼마나 좋을지 생각해보자. 이것이 바로 함수형 프로그래밍을 통해 얻을 수 있는 즐거움이다.

함수형 프로그래밍에서는 순수 함수(pure function)만 사용하고자 최선을 다한다. 즉, 부수 효과가 없는 동시에 동일한 값을 입력하면 동일한 출력 결과를 얻을 수 있는 속성을 갖는 함수를 활용한다.

여기에 대해서는 사람마다 의견이 다양하고 참조 투명성과 순수성 사이의 차이가 미묘하기 때문에 두 용어를 동의어로 취급하겠다.

함수형 프로그램을 작성하고자 수학자가 될 필요는 없다고 말했지만 사실 그렇지는 않다. 함수형 프로그래밍은 수학을 기반으로 하기 때문이다. 그것은 실제로 람다 대수^{lambda calculus}와 범주론^{category theory}의 2가지 분야에서 비롯된다. 범주론은 함수와 연관돼 있다. 그리고 수학에서 함수는 순수하다. 프로그래머가 x = x + 1 표현식을 보면 "변수 값이 증가하고 있습니다."라고 말할 것이다. 반면에 수학자가 x = x + 1을 보면 "아니요, 그렇지 않습니다."라고 말할 것이다.[2]

이제 **불순 함수**^{impure function}에 대해 알아보자.

스칼라

```scala
@main def impure():Unit =
  def impureFunction(x: Int): Int =
    import scala.util.Random
    return Random.nextInt(100) + x
  println(impureFunction(5))
  println(impureFunction(8))
```

두 함수 호출^{call}은 동일한 입력값에 대해 다른 출력값을 반환할 가능성이 매우 높다. 따라서 이 함수는 순수하지 않다. 앞서 수학 함수는 순수한 특징을 갖는다고 했다. 하지만 프로그래밍에서 이러한 수학적 접근을 통해 많은 것을 얻었다. 함수형 프로그램은 깨끗하고 순수하며 우아하다. 함수형 프로그래밍 스타

---

2. 농담이지만 해당 표현식을 처음에 접했을 때 나의 반응은 이러했다.

일은 처음에는 어색할 수 있지만 이 책에서 함수형 프로그래밍의 기본 개념을 점차적으로 살펴보면서 함수형 프로그래머처럼 생각하기 시작할 것이다. 여러분의 함수는 순수한 동시에 코드는 깔끔해질 것이다.

 그러나 함수형 프로그램을 작성할 때의 가장 큰 이점은 프로그램이 정확할 것이라는 기대를 더 많이 갖게 된다는 점이다.

여기서 중요한 점을 얘기하면 부정적인 방식을 통해 함수형 프로그래밍을 정의할 수 없다는 점이다. 여러 가지 개념을 제외했다는 점 이외에는 일반 프로그래밍과 같다고 말할 수 없다. 다수의 함수형 프로그래밍 개발자가 수행하는 부분이자 어려운 부분은 필요한 모든 것을 함수형으로 표현하는 것이다.

고차 함수

함수형 프로그래밍은 함수와 모든 것이 관련돼 있다. 우리가 함수형 프로그래밍 언어에서 원하는 기능은 함수를 일급 객체로 취급하는 기능이다. 이는 함수를 파라미터로 전달하고 함수를 반환값으로 반환할 수 있어야 함을 의미한다. 고차 함수가 함수형 프로그래밍에서 중요한 이유를 살펴보자. 함수형 프로그래밍의 핵심 목표 중 하나는 문제의 핵심에 도달하는 것이다. 이는 언어로 개념을 간결하게 표현할 수 있어야 함을 의미한다. 예를 들어 리스트list의 모든 정수를 제곱하려면 리스트를 반복 제곱함으로써 숫자를 바꿔줄 필요가 없다. 간단하 말해 리스트의 모든 요소를 대상으로 동시에 square 함수를 직접 적용할 수 있어야 한다. 다수의 언어에서 map 함수를 사용해 이러한 작업을 할 수 있다. 이를 통해 수준 높은 추상화 작업을 할 수 있다. 이보다 높은 수준은 고차 함수higher order function에 해당한다. 이 책의 내용을 진행하면서 고차 함수를 핵심적인 주제로 다룰 것이다.

명령형^{imperative} 접근 방식은 다음과 같다.

파이썬

```python
def square(nums):
    squared = []
    for i in nums:
        squared.append(i*i)
    return squared
```

함수형 접근 방식은 다음과 같다.

파이썬

```python
def square(nums):
    return map(lambda n: n*n, nums)
```

부록에서 볼 수 있듯이 lambda는 익명 함수를 만드는 방법으로, 이름 없이 또는 즉석에서 함수를 생성한다. map 함수는 리스트의 구성원에 대해 작동하고 한 번에 리스트의 모든 요소에 적용한다.

지연 평가

함수형 프로그래밍의 또 다른 구성 요소는 **지연 평가**^{lazy evaluation}다. 이는 단순히 표현식이 필요할 때까지 평가를 하지 않는 것을 의미한다. 이것은 엄밀히 말해 프로그래밍 언어가 함수적인 성격을 갖추고자 반드시 필요한 것은 아니지만 본질적으로 함수적인 언어일수록 지연 평가를 하는 경향이 있다. 예를 들어 하스켈^{Haskell}은 기본적으로 지연을 활용하는 전형적인 함수형 프로그래밍 언어로 생각할 수 있다. 이 언어는 학계 위원회에서 함수적 원칙과 관련해 어떠한 타협도 하지 않도록 설계했다. 그러나 대중적으로 사용되는 대부분 언어는 지연이 발생하지 않고 즉시 평가^{eager evaluation}를 사용한다. 즉, 표현식이 나올 때마다 평가를 한다. 다음 예에서 볼 수 있듯이 지연 평가에는 2가지 장점이 있다.

직접 if문을 정의한다고 생각해보자. 이 함수를 myIf라고 하자. 예를 들어 모든 if문에 로그를 기록하는 라인을 추가할 수 있다. 다음을 실행해보면 문제가 발생한다.

스칼라

```scala
def myIf(condition: Boolean, thenAction: => Unit, elseAction: => Unit): Unit =
    if (condition)
        thenAction
    else elseAction
```

위의 정의에서 문제점을 찾을 수 있는가? 대부분의 일반적인 언어에서 사용하는 즉시 평가를 사용하면 함수가 호출될 때 가장 먼저 모든 파라미터를 평가한다. 따라서 myIf의 경우 조건 변수에 따라 thenAction과 elseAction 중 하나만 평가되기를 원하는 경우에도 모두 평가한다. 그러나 지연 평가를 사용하면 제대로 동작한다. 앞의 코드와 유사한 경우에 자신만의 제어문을 만들 수 있다.

즉시 평가를 사용하면 함수는 호출되는 즉시 함수 파라미터를 평가한다. 지연 평가를 사용하면 그 값이 실제로 필요하기 전까지 평가하지 않는다.

또 다른 이점은 특정 상황에서 성능이 향상된다는 것이다. 지연 코드는 필요할 때만 평가하기 때문에 즉시 평가보다 실제로 평가를 적게 수행하는 경우가 많다. 이렇게 하면 프로그램의 속도가 빨라질 수 있다.

스칼라에서는 이름에 의한 호출^{call by name} 파라미터를 사용할 수 있다. 다음 코드에서 thenAction 및 elseAction은 필요한 경우에만 평가된다. 즉, 지연 평가에 해당한다. 다음 코드는 예상대로 동작할 것이다.

스칼라

```scala
def myIf(condition: Boolean, thenAction: Unit, elseAction: Unit): Unit =
  if (condition)
    thenAction
  else elseAction
```

지연 평가를 사용해 `if` 또는 `while`과 같은 자체 버전을 갖는 연산자를 만들 수 있다.

결론으로 내리면 다음과 같다.

- 지연 평가를 사용하면 코드에서 직접 제어 흐름 구조를 정의할 수 있는데, 이는 프로그래밍 언어에 연산자가 내장된 것과는 대조된다.
- 지연 평가는 성능을 향상시킬 수 있다.

함수형 프로그래머처럼 생각하기

이 책에서는 함수형 프로그래머처럼 생각하는 방법에 초점을 맞출 것이다. 함수형 프로그래밍에 대한 다양한 접근 방식이 있지만 일부 개념은 이러한 접근 방식 전반에 걸쳐 보편적이다. 예를 들어 함수형 프로그래머는 상태를 변경하지 않는다. 즉, 한 번 설정된 변수를 변경하지 않는다. 또한 함수형 프로그래머는 고차 함수를 많이 사용하는 경향이 있다. 고차 함수는 다른 함수를 파라미터로 사용하거나 함수를 반환값으로 반환하는 함수다.

함수형 프로그래머가 실제로 어떻게 생각하는지 파악하는 것은 함수형 코드의 활용을 돕는 자주 활용되는 구문 또는 패턴을 알고 있는 것과 같다.

변수를 변경하지 말라고 조언하는 것은 좋은 일이지만 이 문제를 해결하는 방법을 찾아내지 못한다면 불변성을 구현하는 것이 의미가 없을 수 있다. 즉, 패턴은 함수형 프로그래밍의 중요한 부분이다.

함수형 프로그래머는 객체지향 프로그래머보다 패턴에 관심이 없다는 말을 들어봤을 것이다. 이는 오해다. 사실은 함수형 프로그래밍의 맥락에서 '패턴' 용어는 GoF[Gang of Four]와 다른 의미를 갖는다.[3] GoF(예, 프로토타입[prototype], 프록시[proxy], 플라이웨이트 패턴[flyweight pattern])는 OOP의 맥락에서 개발됐다. 이러한 패턴은 대부분 함수형 스타일로 구현할 수 있고 프로그램 설계에 유용하지만 이러한 유형의 패턴은 특별히 함수적인 특징이 없다. 일부 사람은 함수 중립적이라고 말할 것이다. GoF는 함수적으로 중립인 성격을 갖지만 확실하게 기능하는 다른 카테고리의 소프트웨어 패턴이 있다. 이러한 패턴의 예로 펑터 및 모나드[monad] 패턴을 들 수 있는데, 범주론의 개념에서 파생됐다. 이 내용은 3장에서 자세히 살펴본다.

함수형 프로그래밍의 장점

함수형 프로그래밍을 활용했을 때의 장점은 점점 명확해지고 있다. 함수형 프로그래밍은 버그 없는 코드 작성에 도움이 된다. 혹은 버그 없는 코드에 가장 가깝다. 어떻게 이러한 장점을 만들어낼 수 있을까? 더 이상 세상을 객체의 집합으로 보지 않도록 머릿속에서 각각의 상태를 변화시키는 상태와 그 상태를

---

3. 좀 더 자세히 내용을 확인하고 싶다면 에리히 감마(Erich Gamma)가 저술한 『Gang of Four in Design Patterns』 (https://oreil.ly/kH7VD)(Addison-Wesley, 1994)를 읽어보자. 국내 번역서는 『GoF의 디자인 패턴』(피어슨 에듀케이션 코리아, 2002)이 있다.

변형시키는 프로세스를 갖고 있는 것으로 완전히 생각을 바꿀 수 있다. 관점을 바꾸면 상태가 문제의 원인인 것을 식별할 수 있다.

 상태를 변경하면 이를 지속적으로 추적해야 한다. 이는 관리해야 할 복잡성과 버그가 더 많다는 것을 의미한다. 이는 바로 함수형 프로그래밍에서 해결해야 할 문제다.

사람들은 정확하지 않은 코드를 작성하기 전에 어느 정도의 복잡성을 처리할 수 있다. 여러분은 "하지만 잠깐만요. 세상은 객체로 이뤄져 있고 객체에는 상태가 있으며, 상태는 시간이 지남에 따라 변합니다. 따라서 세상을 이러한 방식으로 모델링하는 것은 올바른 방식입니다. 세상은 이러한 방식으로 돌아가기 때문입니다."라고 생각할 수 있을 것이다. 하지만 그렇다고 해서 세상을 좀 더 함수적인 측면에서 보는 것을(혹은 모델링) 시작할 수 없다는 의미는 아니다. 현재로서 버그가 없는 소프트웨어를 작성하는 것을 실제로 해낼 수 없다는 것을 깨닫는 것이 중요하다. 나는 프로그래밍 수업을 시작하면서 "인류는 아직 프로그래밍을 제대로 할 줄 모른다."고 말하던 컴퓨터 공학 분야의 교수님을 기억한다. 조금 과장되긴 했지만 사실이다. 프로젝트는 일반적으로 예산을 초과하고 예상보다 훨씬 오래 기간이 걸린다. 이는 바로 복잡성 때문이다. 프로그래밍은 복잡성 관리의 예술, 과학, 엔지니어링이다. 함수형 프로그래밍은 이러한 복잡성을 억제하고 제어하고자 사용할 수 있는 도구를 제공하는데, 불변성, 참조 투명성, 고차 함수와 같은 도구를 예로 들 수 있다. 이러한 도구들을 완벽하게 다루면 코드의 버그가 줄어들 것이다.

함수형 프로그래밍을 통한 생산성 향상

따라서 함수형 프로그래밍은 프로그래밍 패러다임이다. 다른 패러다임으로는 어떠한 것이 있을까?

가장 인기 있는 패러다임은 역시 OOP다.[4] 예를 들어 자바, C#, C++ 또는 파이썬으로 프로그래밍했다면 이러한 프로그래밍 방법에 익숙할 것이다. 이 경우 세계는 각각 고유한 상태와 고유한 행위^{behavior}를 갖는 객체의 모음으로 모델링된다. OOP는 추상화, 캡슐화, 상속을 비롯한 다양한 장점이 있다. 그러나 이러한 장점에도 코드는 종종 초과 예산과 초과 근무로 인해 어려움을 겪는다. 함수형 프로그래밍과 OOP가 대중화되기 전에 명령형 프로그래밍이 있었다. 표면적으로 명령형 프로그래밍은 함수형 프로그래밍과 조금 비슷하다. 명령형 프로그래밍에 사용하는 주요 소프트웨어 추상화에는 객체나 클래스가 없기 때문이다. 그러나 자세히 살펴보면 상태가 변경 가능하고 함수가 참조적으로 투명하지 않으며 명령형 언어가 반드시 고차 함수를 갖지 않는다는 것을 알 수 있다. C와 파스칼은 명령형 프로그래밍 언어의 2가지 예다.

여러분은 최고의 프로그래머는 특정 패러다임을 사용하는 것과 상관없이 더 괜찮은 코드를 만들 수 있다고 주장할 수 있으며, 이러한 주장은 사실에 가깝다. 문제는 동일한 기술을 가진 2명의 개발자(하나는 객체지향 접근 방식으로 작업하고 다른 하나는 함수형 접근 방식으로 작업)가 있는 경우 누가 더 생산적일까? 명확성, 강력함, 고수준의 추상화를 통해 함수형 프로그래머는 더 정확한 코드를 더 빠르게 생성할 수 있다.[5]

함수형 프로그래밍은 재미있다

함수형 프로그래밍으로 프로그래밍하는 또 다른 이유가 있다. 이것이 가장 중요한 이유일 것이다.

---

4. 지금은 OOP 코드가 더 많지만 많은 개발자가 함수형 프로그래밍으로 이동하려는 움직임이 분명히 있다. 앞으로 어떻게 진행될지는 두고 봐야 한다. 아마도 2가지 접근 방식을 혼합한 하이브리드 접근 방식이 표준이 될 것이다. 아니면 함수형 프로그래밍이 계속해서 인기를 끌 것이다.

5. 개인적인 의견이다.

함수형 프로그래밍은 재미있는 동시에 깊이가 있는 이유가 있다.

함수형 프로그래밍을 사용하면 문제의 핵심을 파악할 수 있다. 이를 통해 추적을 중단하고 구현하는 대상을 코딩하는 데 더 많은 시간을 할애할 수 있다. 기계가 하는 일을 밀접하게 모델링하는 낮은 수준의 세부 사항을 헤매는 대신 중요하고 관련 있는 개념을 조작하는 것처럼 느껴질 정도로 충분히 높은 수준의 추상화를 만들어낼 수 있다.

프로그래밍 언어의 역사를 한 가지 관점에서 볼 때 추상화 수준이 점점 더 높아지는 추세다. 수준이 높아질수록 많은 세부 사항을 변경하는 것을 피하기가 더 쉽다. 함수형 프로그래밍은 추상화가 어려울 필요가 없다는 것을 보여준다. 학습 곡선이 있지만, 조금씩 변화를 줘서 이 곡선을 단축할 수 있다. 예를 들어 현재 자바, 자바스크립트 또는 파이썬으로 코드를 작성하는 경우 코드를 좀 더 함수적으로 만드는 관용구, 구조, 관행을 조금씩 추가할 수 있다. 그러면 이러한 함수형 관용구들이 제공하는 단순화와 관련된 강력한 기능을 자연스럽게 사용하게 될 것이다. 이 책을 주의 깊게 읽고, 예제를 공부하고, 일부 함수형 아이디어를 코드에 반영하기 시작하면 곧 엄청난 장점을 느낄 수 있을 것이다.

함수형 패러다임을 지원하는 프로그래밍 언어를 알아보고 싶을 수 있다. 스칼라, 클로저(Clojure), F# 및 하스켈과 같은 언어를 예로 들 수 있다.

스칼라

이 책에서는 참고 사항으로 다양한 언어의 예제를 제공할 것이다. 이는 다양한 언어가 함수형 아이디어를 구현하는 방식을 보여주기 위해서다. 다양한 언어로 함수형 코드를 작성하는 것이 가능하지만(언어에 따라 다양한 수준으로) 일부 언어는 훨씬 더 쉽게 수행할 수 있고 일반적으로 더 강력하다. 이러한 언어 중 하나로 스칼라가 있다.

스칼라에 대해 다음과 같은 2가지를 언급하고 싶다.

- 스칼라는 간결한 언어다.
- 스칼라는 함수형 코드를 작성하는 데 편리하다.

이 책에는 자바, 파이썬, C#의 예제를 포함하고 있지만 대부분의 예제는 스칼라로 작성했다. 부록에 있는 스칼라에 대한 간략한 소개를 참고하자. 특히 범주론을 설명할 때에는 스칼라가 가장 좋다. 또한 더욱 간결한 함수형 구성을 허용하며 대부분의 경우 기능하는 방법을 보여주는 것이 편리하기 때문에 나는 스칼라에 더 많은 점수를 줬다. 이러한 목적으로 사용할 수 있는 다양한 언어가 있다. 예를 들어 하스켈(매우 함수적이다), 클로저, ML(메타언어)과 같이 어느 정도 함수적인 다른 언어도 있다. 나는 스칼라의 명료함과 함수형 코드를 작성할 수 있는 편리함 때문에 이 책의 많은 예제에서 스칼라가 가장 적합하다고 본다.

자바를 사용하고 있고 함수형 프로그래밍에 관심이 있다면 스칼라를 사용해보는 것도 좋다. 특히 별도의 제약이 없는 프로젝트의 경우 유용하고 생산적이며 재미있을 것이라고 개인적으로 생각한다.

이 책에는 스칼라, 자바, 파이썬, C#의 예제가 포함될 것이라고 언급했다. 그러나 함수적인 개념에 대해 더 깊이 들어가면 스칼라에서 예제를 만드는 것이 더 유용할 것이다. 함수형 프로그래밍의 정도가 다르기 때문에 특히 함수형 프로그래밍의 추상적인 개념에 대해 배울 때 그렇다. 앞에서 언급했듯이 일부 언어는 일부만 함수적이지만 또 다른 일부 언어는 완전히 또는 완벽하게 함수적인 기능을 한다.

표 1-1에서 책 전체의 예제에 사용된 언어를 비교했다. 하스켈은 예제로 사용

하지 않았지만 하스켈은 순수 함수형 프로그래밍 언어의 예제이며 비교 대상으로 적합하기 때문에 포함시켰다.

표 1-1. 다양한 언어의 함수형 및 객체지향 프로그래밍 지원 현황

	스칼라	자바	파이썬	C#	하스켈
함수형 지원	지원	일부만 지원	일부만 지원	일부만 지원	지원
완전한 함수형 지원	미지원	미지원	미지원	미지원	지원
OOP 지원	지원	지원	지원	지원	일부만 지원

하스켈은 완전한 함수형 언어로 만들어졌다. 예를 들어 변수의 값은 한 번 설정하면 변경할 수 없다. 그리고 다른 다양한 함수형 특징을 갖고 있으며 그중 많은 부분이 범주론에서 비롯됐다. 이 책의 3장에서 범주론을 다룬다.

결론

1장에서는 함수형 프로그래밍 언어를 구성하는 주요 기능을 광범위하게 살펴봤다. 책의 내용이 진행되면서 이러한 기능과 함수형 프로그래밍의 기본 패턴이 어떻게 반영되는지를 자세히 알아볼 것이다.

기초 수학

2장에서는 여러분이 알아야 할 몇 가지 내용을 소개한다(과거에 배웠을 수도 있다). 여기서는 수학 및 컴퓨터 과학의 관점에서 함수에 대한 기본적인 사실을 주로 다룬다. 기초 수학을 복습할 필요가 없다면 이번 장은 건너뛰어도 좋다.

집합론

집합론set theory은 광범위한 분야다. 하지만 함수형 프로그래밍을 배우려면 집합론에 대한 단 몇 가지 기본 정의만 알면 된다. 여러분은 아마 집합론이 집합set의 정의를 제공한다고 생각할 것이다. 하지만 집합론에서 집합은 정의되지 않은 용어다. 따라서 비공식적으로는 집합을 객체의 모음으로 여긴다. 예를 들어 짝수 집합, 숫자 0, 1, 2를 원소로 하는 집합, 어머니와 아버지를 원소로 하는 집합에 대해 얘기해 볼 수 있다. 이처럼 모음으로 생각할 수 있는 모든 것이 집합이다.[1] 일반적으로 집합은 알파벳 대문자로 표기한다. 또한 집합에 존재하는 것을 **원소**elements라고 한다. A의 모든 원소가 B의 원소이기도 하면 그림 2-1에서 볼 수 있듯이 "A가 B의 부분집합이다." 혹은 "A가 B에 포함돼 있다."고 말한다.

---

1. 집합론자는 분명하게 집합과 클래스를 구분한다. 그러나 이 책에서는 이러한 구분에 대해 신경 쓰지 않을 것이다.

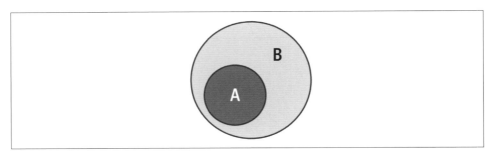

그림 2-1. A는 B의 부분집합

그림 2-2에서 볼 수 있듯이 두 집합의 교집합은 집합 A와 B에 공통적으로 있는 모든 원소를 포함하는 집합이다.

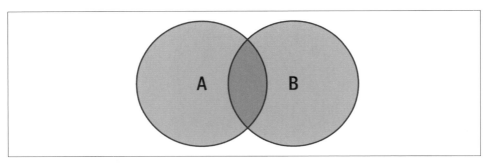

그림 2-2. A와 B의 교집합

A와 B의 합집합은 A 또는 B에 있는 모든 원소를 포함하는 집합이다. 그림 2-3 을 살펴보자.

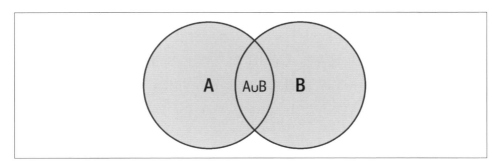

그림 2-3. A와 B의 합집합

함수

일반 언어^{plain language}에서 함수는 한 집합의 모든 원소를 다른 집합의 일부 원소와 연결하는 규칙이다. 마찬가지로 함수형 언어에서는 여러 개의 무언가로 구성된 꾸러미가 있고, 이것을 또 다른 꾸러미에 연결시키는 개념이 사용된다. 간단히 모든 정수에 대해 정의된 제곱 함수를 예로 들 수 있다. 이 함수는 모든 정수를 각각의 제곱수에 매핑하는데, 1은 1, 2는 4, 3은 9와 같이 될 수 있다. 또한 −1은 1로, −2는 4로 매핑된다. 결국 함수가 서로 다른 두 값을 하나의 값으로 매핑하는 것을 확인할 수 있다. 그러나 역은 참이 아니다. 또한 한 원소를 서로 다른 두 원소에 매핑할 수 없고 함수가 정의된 항목도 집합으로 간주한다.

정의역과 치역

함수는 원소의 묶음에 의해 정의된다. 이 묶음을 수학적 용어로 원소들의 집합이라 한다. 함수가 정의된 모든 원소의 집합을 함수의 **정의역**^{domain}이라 한다. 여기서 중요한 점은 제곱 함수와 같이 함수를 정의하는 공식이 있는 경우 모든 양의 정수를 정의역으로 선택할 수 있으며, 양수 및 음수를 정의역으로 선택할 수도 있다는 것이다. 둘 다 제곱 함수로 정의되지만 이들은 서로 다른 함수다. 따라서 함수를 정의할 때마다 정의역을 지정해야 한다.

함수의 **치역**^{range}은 정의역의 일부 원소에 의해 매핑되는 모든 원소의 집합이다. 예를 들어 모든 정수를 정의역으로 갖는 제곱 함수에서는 어떤 수의 제곱수가 되는 모든 수가 치역이 된다. 이 경우 모든 정수의 제곱수는 0 또는 양수이므로 치역은 0 이상의 모든 정수가 된다.

따라서 모든 함수에는 정의역과 치역이 있다. 정의역이 정의되면 치역은 함수를 통해 정의역의 원소가 매핑된 값에 따라 정의된다. 이와 관련해 다음과 같은 수학적 표현을 자주 접하게 될 것이다.

```
f: A -> B
```

이를 "f를 A에서 B로 가는 함수라고 하자."와 같이 말할 수 있다. 또는 "f는 정의역 A와 치역 B를 갖는 함수다."라고 명확하게 말할 수도 있다. 그러나 "f를 A에서 B로 가는 함수라고 하자."라고 말할 수도 있다. 이 경우 치역은 B의 부분집합일 수 있다. 즉, A의 모든 원소가 B의 원소에 매핑되지만 B의 모든 원소가 A의 원소에 '대응'되는 것은 아니다. 이 경우 A는 정의역이고 B는 A의 치역을 포함한다. 이때 B를 **공역**^{codomain}이라 한다.

그렇다면 다음 함수를 살펴보자.

```
f: A -> B
```

그림 2-4에서 볼 수 있듯이 치역은 B의 부분집합이라는 것을 알 수 있다.

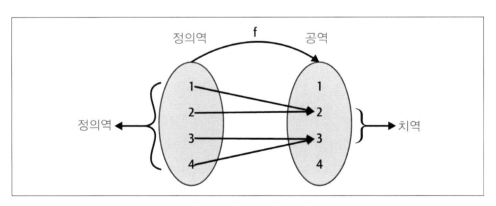

그림 2-4. 함수의 정의역과 치역

예제 2-1은 정의역과 치역을 보여준다.

예제 2-1. 함수의 정의역과 치역

f를 모든 정수 집합을 정의역으로 갖는 절댓값 함수라 하자. 예를 들어 숫자 -3은 이 값의 절댓값인 3으로 매핑된다. 이를 다음과 같이 작성했다고 가정해 보자.

```
abs: Z -> Z
```

여기서 Z는 정수 집합을 의미한다(Z는 숫자를 의미하는 독일어 Zahlen에서 유래했다). 여기서 요점은 모든 정수의 절댓값이 0이거나 양수라는 점보다 0 이상의 모든 정수가 어떤 임의의 수를 절댓값으로 갖지 않을 수 있다. 예를 들어 어떠한 정수도 -3을 절댓값으로 갖지 않는다. 이 함수의 정의역은 Z이고, 이 함수의 모든 정수와 공역 또한 Z다. 반면 치역은 자연수 집합 N이다. 이때 자연수는 0을 포함한 모든 양의 정수를 의미한다.

함수의 치역과 공역을 구분하는 것에 주의하자.

함수의 종류

앞에서 같은 정의역에 존재하는 서로 다른 두 원소가 같은 치역에 존재하는 한 원소로 매핑될 수 있으며, 이에 대한 역은 성립하지 않음을 언급한 적이 있다. 마찬가지로 정의역에 존재하는 한 원소가 치역에 존재하는 서로 다른 두 원소에 매핑될 수 없다. 누군가 원소 x가 어떠한 원소에 매핑되는지 묻는다면 여러분은 하나의 정확한 정답을 제공해야 한다. 그래야만 정의역의 한 원소가 치역의 한 원소에 매핑될 수 있기 때문이다. 정의역에 존재하는 두 원소가 치역의 한 원소에 매핑되는 경우는 어떨까? 이는 충분히 일어날 수 있는 일이다.

이러한 원소들이 존재하지 않는 함수를 가질 때 이러한 함수를 나타내는 이름이 존재한다. 이는 3장에서 살펴본다.

일대일 함수

일대일 함수는 정의역에 존재하는 두 원소가 치역에 존재하는 같은 원소로 매핑되지 않는 함수다.

$f(n) = 2 * n$으로 정의된 함수 $f: Z \to Z$를 살펴보자.

이 함수는 정수를 입력으로 받아 그 수의 2배를 반환한다. f가 일대일이라고 하자. a와 b가 둘 다 c에 매핑돼 있다고 가정하면 a가 b와 같음을 보일 수 있다. 이것은 2개의 다른 원소가 동일한 원소에 매핑될 수 없음을 보여준다.

다음을 가정해보자.

    f(a) = f(b)

이것은 다음을 의미한다.

    2 * a = 2 * b

이제 양변을 2로 나누면 다음과 같은 결과를 얻는다.

    a = b

이것은 f가 일대일임을 증명한다. 다음으로 일대일 함수가 아닌 함수를 살펴보자. 다음 함수에서 정의역은 모든 정수의 집합이다.

f(n) = n * n

이제 서로 다른 두 정수가 같은 숫자에 매핑되는 것을 보여주기만 하면 된다. 3과 –3, 이 두 숫자를 제곱하면 9가 된다. 따라서 f는 일대일 함수가 아니다(물론 일대일 함수가 아닐 뿐 좋은 함수good function**2**인 것은 분명하다).

위로의 함수

공역과 치역이 같은 함수를 위로의 함수onto function라 한다. 이를 다음과 같이 말할 수도 있다. f를 A에서 B로 가는 함수라 하자. B에 존재하는 모든 원소 b에 대해 $f(a) = b$일 때 A에 존재하는 원소 a가 있다면 함수 f는 위로의 함수다.

f를 $f(m) = m \times m$인 N에서 N으로 가는 함수라 하자.

함수 f가 위로의 함수이면 N에 존재하는 모든 원소 n에 대해 $m \times m = n$인 N에 존재하는 원소 m이 존재한다. 다시 말해 모든 자연수가 완전수임을 의미하며, 이는 거짓이다. 이에 대한 예로 "5는 자연수다."가 있다. 그렇다면 5를 제곱수로 갖는 자연수는 무엇인가? 아무것도 없다. 따라서 f는 위로의 함수가 아니다.

이제 다른 함수를 살펴보자. f를 n의 절댓값인 $f(n) = |n|$으로 정의된 N에서 N까지의 함수라고 하자. 이때 임의의 자연수를 취하면 주어진 자연수와 절댓값이 같은 다른 자연수를 찾을 수 있는가? 먼저 3은 어떤지 살펴보자. $f(3) = |3|$ = 3이므로 질문에 대답할 수 있을 것이다. 사실 모든 자연수는 음수가 아니므로 자신의 절댓값과 같다. 그러므로 함수 f는 위로의 함수다.

위 개념들이 다양한 단어를 통해 표현된 것을 볼 수 있다. 일대일 함수의 또 다른 용어는 단사injective다. 그리고 위로의 함수에 대한 또 다른 용어는 전사surjective다.

---

2. 원문에서 쓰인 good function은 집합론에서 특별한 의미를 갖는 함수가 아니다. 가볍게 읽고 넘기면 좋을 것 같다.
    – 옮긴이

컴퓨터 과학 기초

이번 절에서는 평소에 사용되는 프로그래밍 개념과는 다소 관계가 없는 개념을 다룬다.

익명 함수

일반적으로 프로그래밍 언어를 통해 함수를 정의하는 방법은 키워드(예를 들어 def, function, sub)를 사용하고 함수에 이름을 지정한 다음, 함수의 본문을 작성하는 것이다. 그런 다음 이름을 통해 해당 함수를 호출할 수 있다. 스칼라에서는 정수를 제곱하는 함수를 다음과 같이 정의할 수 있다.

```
def square(n: Int): Int = n * n
```

그러면 다음과 같이 함수를 호출할 수 있다.

```
println(square(3))    // 콘솔에 9를 출력한다.
```

이러한 방식은 함수를 정의하고 이후로는 필요한 만큼 사용할 수 있게 해준다. 그러나 함수를 한 번만 호출해야 하는 경우가 있을 수 있다. 많은 프로그래밍 언어가 이러한 경우를 해결하기 위한 기능을 제공한다. 일반적으로 익명 함수가 이러한 기능을 제공한다. 다음은 스칼라에서 제곱 함수를 익명 함수anonymous function로 작성하는 방법이다.

```
(n: Int) => n * n
```

이것을 어떻게 사용할 수 있을까? 다른 함수를 인수로 취하고 다른 함수를 3에 적용하는 함수 f를 정의한다고 가정한다. 어쩌면 위 함수가 부자연스러워 보일 수 있지만 익명 함수의 핵심을 설명해준다.

스칼라에서는 다음과 같이 정의할 수 있다.

```
def f(g: Int => Int): Int = g(3)
```

그런 후 다음과 같이 제곱 함수에서 f를 호출할 수 있다.

```
f((n: Int) => n*n)
```

심지어 제곱 함수를 정의하지 않고도 제곱 함수를 호출할 수 있다.

역사적 이유로 익명 함수는 때때로 람다 함수^{lambda function}라고도 한다.[3] 파이썬을 포함한 일부 언어는 익명 함수를 작성할 때 lambda를 키워드로 사용한다. 다음은 파이썬으로 작성한 제곱 함수다.

```
def square(n):
    return n * n
```

다음은 익명 함수다.

```
lambda n: n * n
```

---

3. 이것은 람다 대수이며 틀림없는 최초의 프로그래밍 언어다.

일급 객체로서의 함수

함수형 프로그래밍 언어를 통해 함수를 일급 객체first class object로 생각하면 함수를 쉽게 다룰 수 있다. 이것은 다른 객체나 변수로 할 수 있는 모든 것은 함수로도 할 수 있음을 의미한다. 예를 들어 f가 일급 객체인 경우 다른 함수에 파라미터로 전달할 수 있고 함수에서 반환값으로 반환할 수 있다. 다음은 스칼라로 작성된 몇 가지 예다.

```
def call(n: Int, f: Int=>Int): Int = f(n)
```

call 함수는 Int와 Int에 대한 함수를 Int에 취하고 함수를 Int에 적용한다.

```
def addN(n: Int): Int => Int = (m: Int) => m+n

val f = addN(3)

println(f(5))
```

addN 함수는 정수 n을 받아 함수를 반환하며, 반환된 함수는 정수 m을 받아 거기에 n을 더하는 함수다.

결론

2장을 통해 함수의 기본적인 성질을 이해했기를 바란다.[4] 3장에서는 범주론과 패턴을 살펴보고, 사용하는 방법을 살펴본다.

---

4. 그러나 스칼라에 관련된 자세한 설명은 부록을 참고하자.

범주론과 패턴

3장에서는 소프트웨어 패턴^{software pattern}을 소개하고 함수형 프로그래밍에서 어떻게 사용되는지 설명한다. 또한 **범주론**^{category theory}을 소개하고 이것이 함수형 소프트웨어 패턴의 근원으로써 어떻게 활용할 수 있는지, 범주론이 어떻게 함수형 프로그래밍의 기반이 될 수 있는지 설명한다.

소프트웨어 패턴(https://oreil.ly/TILR8)은 소프트웨어 설계에서 주어진 맥락^{context} 내에서 일반적으로 발생하는 문제에 대한 재사용 가능한 솔루션이다. 소프트웨어 패턴은 코드를 작성할 때마다 처음부터 시작할 필요가 없음을 의미한다. 소프트웨어 패턴은 어떠한 문제 유형을 해결하기 위한 템플릿이다. 이러한 템플릿에 대해 더 많이 알고 있을수록 개발 중 주어진 문제를 더 잘 해결해 나아갈 수 있다. 패턴이 자연스러워지고 더 이상 찾아볼 필요가 없을 때가 되면 능숙한 개발자가 돼 있을 것이다.

패턴은 그저 코드를 작성하는 데 도움을 주는 도구일 뿐이다. 소프트웨어 개발 과정에서 해결하려는 대부분의 문제는 이미 보편적이고 효율적인 방식으로 해결됐다. 패턴은 이러한 해결 방법 중 한 가지에 해당한다.

이러한 패턴은 GoF^{Gang of Four} 소프트웨어 패턴 책(https:// oreil.ly/kH7VD)에 의해 대중화됐다. 이 책은 패턴을 세상에 알렸고 이후 프로그래머가 사용하는 인기 있는 도구가 됐다. 이제 함수형 프로그래머에게 패턴에 대해 물어보면 아마 패턴이 함수형 프로그래밍과 특별하게는 관련이 없다고 말할 것이다. 그들은 GoF의 전통적인 OOP 패턴을 생각하고 있을 것이다. 그러나 함수형 프로그래머가 패턴이 아니라고 단순하게 생각할 수 있지만 일반적으로 사용하는 또 다른 구조가 존재한다. 이러한 구조는 범주론이라고 하는 수학의 한 분야에서 소개된다. 이 책에서는 이 구조를 함수형 패턴^{functional patterns}이라 부를 것이며 추후에 자세히 살펴볼 것이다.

 GoF 책에서 언급된 패턴과 구별하고자 범주론에서 사용하는 패턴을 '함수형 패턴'이라 하자.

예를 들어 보자. 우리가 살펴볼 예는 null 키워드와 관련이 있다. null 키워드와 관련해 많은 문제가 있으며 가장 큰 문제 중 하나는 NullPointerException이라는 것은 잘 알려져 있다. 이러한 문제를 해결하고자 Option 패턴이라는 함수형 패턴이 있다. 스칼라 프로그래머이고 null이 포함된 코드를 작성한다고 가정해보자. 다음과 같은 코드가 있다 하자.

스칼라

```scala
case class User(name: String)

def getUserFromDB(uid: Int): Option[User] = // db에 질의함

def handleUser(uid: Int): Unit = {

  getUserFromDB(uid) match {
    case Some(user) => // user로 임의의 작업을 수행함
    case None => // user가 존재하지 않을 경우
  }
}
```

getUserFromDB가 주어진 uid에 대한 사용자를 찾지 못하면 null을 반환한다고 가정하자. 이제 user.name을 호출하는 위험이 존재한다. 사용자가 null이면 NullPointerException이 발생하고 NullPointerException 처리 여부에 따라 프로그램이 중단될 수 있다. 이때 코드에서 NullPointerException을 발생시키는 것은 위험하다.

코드에서 NullPointerException에 주의해야 한다. 이를 피하는 가장 좋은 방법은 함수가 null을 반환하지 않게 하는 것이다. 함수형 패턴 Option은 NullPointerException을 피하는 좋은 방법이다.

이제 함수형 패턴 Option에 대해 알고 있다고 해보자. Option 패턴은 null 값과 관련된 문제를 해결하는 데 제격이다. null 값을 사용하는 경우를 표현할 때 이 값을 자료형으로 표현하는 객체를 사용하는 것이 Option 패턴의 핵심이다. Option은 이러한 문제를 정확하게 해결한다. Option을 통해 2가지 방법으로 해결할 수 있는데, 예를 들어 Some(user)와 같이 값을 감싸는 Some() 래퍼와 종종 null로 표현되는 응답이 없는 경우에 None을 사용하는 방법이 있다. None은 자료형을 갖고 있어 컴파일러가 그 코드가 올바른지 확인할 수 있다. 그러나 NullPointerException은 컴파일 시점이 아닌 런타임에 발생하며 Option 패턴을 사용하면 이러한 상황을 방지하는 데 도움이 된다. Option을 사용해 이전 getUser 메서드를 다시 작성해보자. 다음 예는 Option을 패턴 매칭으로 처리할 수 있는 방법을 보여준다.

Option 클래스는 Some과 None의 2가지 종류가 있다. Some은 Some(user)와 같은 다른 값을 래핑(wrap)하고 None은 값을 찾을 수 없음을 의미한다. 패턴 매칭을 사용해 Option을 언래핑(unwrap)할 수 있다.

스칼라

```scala
case class User(name: String)
def getUser(uid: Int): Option[User] = {
  getUserFromDB(uid) match {
    case Some(user) =>  //user로 임의의 작업을 수행함
    case None =>        //user가 존재하지 않을 경우
  }
}
```

이 코드는 컴파일 시점에 확인할 수 있으며 NullPointerException이 발생할 가능성이 없다. Option은 소프트웨어 패턴이며 이것을 함수형 패턴이라고 명명했다. Option 패턴에 대한 자세한 내용은 'Option 타입' 절을 참고하자.

패턴 기반 범주론

훌륭한 함수형 프로그래머가 되고자 범주론을 반드시 알아야 하는 것은 아니다. 이는 도움이 될 수 있겠지만 코드 예제를 통해 배우는 것을 선호한다면 범주론에 대한 내용은 건너뛰어도 좋다. 이 책의 뒷부분에서 코드 예제를 통해 함수형 패턴을 알아볼 것이다.

나는 이러한 패턴을 온전히 함수형 프로그래밍 패턴으로 생각하고 싶다. 순수 함수형 프로그래밍을 선호하는 함수형 프로그래머는 코드에서 이러한 관용구를 자유롭게 사용한다. 불변성, 참조 투명성, 고차 함수와 함께 이러한 패턴은 코드가 함수형이라는 것을 설명해준다.

 함수형 프로그램은 변경할 수 없고(immutable), 참조 투명성(referential transparency)을 준수하며 고차 함수를 사용하고 함수형 패턴을 자유롭게 사용하는 코드 구조를 사용한다.

펑터, 모노이드, 모나드 패턴은 패턴 기반의 범주론에 대한 몇 가지 예다. 자세한 내용을 살펴보기 전에 수학 분야에서 범주론의 간략한 역사를 소개하겠다. 여러분이 범주론을 수학 이론 그 자체로 좋아한다는 것을 발견할지도 모른다.

범주론은 초기에 수학의 서로 다른 분야 내에서 유사한 구성을 찾는 문제에서 파생된 수학의 한 분야다. 이는 통합 이론이었으며 추후 함수형 프로그래밍에 적용됐다.

간략한 역사

1940년대에 손더스 맥레인[Saunders Mac Lane]과 사무엘 에일렌베르크[Samuel Eilenberg]는 두 사람 중 한 명의 강의에 대해 토론하고 있었다. 그러다 두 사람 모두 대수학과 위상수학에서 각자 작업하고 있는 주제가 실제로는 동일한 현상의 사례라는 결론을 내렸다. 아이디어를 구체화한 후 그들은 새로운 분야를 발견했다는 사실을 깨달았다. 그 결과 범주론이 탄생했다. 따라서 범주론은 대수학 및 위상수학과는 별개의 수학 분야지만 이 두 학문에 뿌리를 두고 있다. 함수형 프로그래밍의 기본 개념은 범주론에서 비롯된다. 범주론의 기본 개념을 확실하게 이해하면 이러한 개념을 함수형 프로그래밍의 맥락에서 더 쉽게 이해하고 적용할 수 있다. 특정 범주론을 배우는 것은 완전히 다른 관점에서 함수형 프로그래밍을 배우는 것과 같다. 그리고 각각의 새로운 관점은 여러분이 더 깊이 함수형 프로그래밍을 이해할 수 있게 만들어줄 것이다.

범주론을 배우면 함수형 프로그래밍에 대한 이해를 한층 높일 수 있다. 또한 새로운 함수형 프로그래밍 구성에 대한 아이디어를 얻을 수도 있다.

맥레인과 에일렌베르크는 『Category for the Working Mathematician』(Springer, 1998)라는 책을 공동 집필했으며, 이 책은 향후 범주론의 발전을 위한 큰 기반을 마련했다. 1990년에는 순수 함수형 프로그래밍 언어인 하스켈이 탄생했는데, 하스켈을 만들 때 범주론에서 많은 개념을 차용했다. 이러한 개념 중 일부는 다른 함수형 언어와 함수형 프로그래밍이 일부 적용되는 스칼라, F#, 자바와 같은 언어에 사용됐다. 프로그래밍 실무에서 함수형 기능이 추가된 또 다른 방법으로 소프트웨어 라이브러리를 통해 통합된 방법도 있다.

대상과 사상

범주론의 기본 정의에는 2가지 개념인 대상^{object}과 사상^{morphism}이 포함된다.

범주론에서 대상(object)은 OOP의 객체와 전혀 관련이 없는 개념이다.

범주론에서 대상은 집합, 숫자, 행렬 등 무엇이든 될 수 있으며, 그저 대상에 대해 명명하기만 하면 된다. 대상 이외에도 범주는 사상이라는 개념이 필요하다. 사상은 범주에 있는 두 대상의 맥락을 통해서만 정의할 수 있다. A와 B가 범주 C의 대상이라고 가정해보자. 그러면 사상은 A에서 B로 가는 화살표다.

이는 다음과 같이 작성한다.

$$A \rightarrow B$$

화살표는 정확히 무엇을 의미할까? 이 화살표는 대상 A를 대상 B에 연결한다. 화살표가 시작하는 곳과 화살표가 끝나는 곳은 사상을 정의하는 정보이다.

대상 A에서 대상 B로의 사상은 A에서 B로의 화살표다. 이를 특정 순서를 갖는 한 쌍의 대상으로 생각할 수도 있다.

사람들은 이 화살표를 함수로 생각하는 경향이 있는데, 이전에 살펴봤던 표현식이 함수와 비슷하게 보이거나 실제로 대부분이 함수이기 때문이다. 사상이 함수가 아닌 범주도 있지만 이러한 경우는 드물기 때문에 이런 경우를 배제하고 앞으로 사상은 항상 함수라 하자. 다음과 같이 "대상은 집합이고 사상은 한 집합에서 다른 집합으로의 함수다."라고 생각하자.

이론적으로 함수가 아닌 사상을 갖는 것이 가능하지만 이 책에서는 대상은 항상 집합이고 사상은 집합 간의 함수라고 하자.

이제 f가 A에서 B로의 사상이면 A는 f의 정의역이라 하고 B는 f의 공역이라 한다. 이는 함수에 사용되는 언어에 대응된다. 자세한 내용은 부록의 '함수' 절을 참고한다.

범주의 예

모든 집합의 범주를 자세히 살펴보자. 즉, 대상은 모든 집합이다.

집합은 단지 대상의 모음일 뿐이다. 대상은 숫자 또는 사람, 심지어 다른 집합일 수 있다. 대상이 모든 집합인 범주를 이제 막 고려하기 시작했다.

이러한 범주를 세트^{Set}라고 부르자. 대상은 모두 집합이다. 그렇다면 사상은 무엇인가? 간단히 말하면 A에서 B까지의 모든 함수다. A에서 B까지의 모든 함수는 사상이다. 따라서 범주 세트는 모든 집합 쌍, A와 B에 대해 대상이 집합이고 사상이 A에서 B로 가는 함수인 범주다. 사상의 정의역은 A이고 사상의 공역은 B다. 자세한 내용은 부록의 '함수' 절을 참고하자.

이제 범주 세트에 대해 더 자세히 알아보자. 다음 예제에서는 범주 집합에 존재하는 대상 A, B와 정의역이 A이고 공역이 B인 2개의 사상을 보여준다.

A = {1, 2, 3, 4}, B = {a, b, c, d, e}라 하자.

이 2개의 집합은 완벽하게 괜찮은 집합이므로 세트 범주의 대상이다. 이제 A에서 B로 가는 2가지 사상을 정의해보자.

A에서 B로의 사상 f

A의 모든 x에 대해 $f(x) = a$다. 이를 상수 사상constant morphism이라 한다. 이는 A의 모든 원소를 집합 B의 원소 a로 가져오는 간단한 함수다.

A에서 B로의 사상 g

$g(1) = a$

$g(2) = b$

$g(3) = c$

$g(4) = d$

A에서 B로 가는 두 함수가 범주 세트에 존재한다. 이때 이것은 매우 큰 범주임을 유의하자. 이 범주 세트는 A에서 B로 가는 모든 집합과 모든 함수를 포함한다.

몇 가지 예를 더 살펴보기 전에 사상에 대해 알아야 할 몇 가지 사항이 있다. 첫째, 사상은 합성compose된다. 이것은 무엇을 의미할까? 두 사상의 합성에 대한 실질적인 정의를 다룰 것이지만 두 사상을 합성할 때에 기본적인 아이디어는 하나의 사상을 호출한 뒤 그 결과를 두 번째 사상에 적용하는 것이다.

예를 들어 $f: A \rightarrow B$가 사상이고 $g: B \rightarrow C$ 또한 사상이라 하자. 우리는 범주를 다루기 때문에 다음을 만족하는 A에서 C로 가는 사상 h가 존재해야 한다.

$h(x) = g(f(x))$

$g(f(x))$는 먼저 $f(x)$를 계산한 다음 그 결괏값을 g에 적용한다는 의미다.

우리는 h를 $g \ o \ f$라는 표현으로 표시하고 이를 g로 합성된 f라고 말한다.

f가 A로 B의 사상이고 g가 B에서 C로의 사상이라면 A의 모든 x에 대해 $h(x) = g(f(x))$인 A에서 C로의 사상 h가 존재해야 한다. 이 경우 h를 $g \ o \ f$로 표시하고 g로 합성된 f라고 한다.

합성 h가 존재하지 않으면 우리가 고려한 대상은 범주가 아니다. 모든 범주에서 사상은 반드시 합성된다.

범주를 갖기 위해 사상이 가져야 하는 또 다른 속성이 존재한다. 범주의 각 대상 A에 대해 사상 $id_A: A \rightarrow A$가 존재해야 하며, 모든 사상 $f: A \rightarrow B$ 및 사상 $g: A \rightarrow B$에 대한 속성이 있어야 한다. 그렇다면 다음과 같은 결과를 갖는다.

$f \ o \ id_A = f$

그리고

$id_B \ o \ g = g$

이는 id_A가 A에 대한 항등 함수라고 말하는 범주론의 표현 방식일 뿐이다. A에 대한 항등 함수는 A의 모든 원소를 자신에게 가져오는 함수일 뿐이다.

집합 A에 대한 항등 함수는 모든 원소를 자신에게 매핑하는 함수다. 이것의 범주론 표현은 id_A로 표시된 A에서의 항등 사상이며, 다른 함수와 합성될 때 해당 함수를 변경하지 않는다.

범주론 이론가는 점^{point}이 아니라 함수의 합성 관점으로 생각하는 경향이 있다.

앞의 표현은 범주론에서 합성에 대해 항등 함수를 표현하는 방식을 보여준다. 항등 사상이 대상의 모든 점을 자기 자신으로 가져간다고 말하는 대신(점에 대해 생각하지 않기 때문에) 항등 사상을 다른 사상으로 합성할 때 원래의 사상을 다시 얻는다고 말한다.

 범주론의 대부분은 합성 개념을 통해 구조를 표현하는 것과 관련돼 있다. 이것은 함수형 프로그래밍에서 어디에 등장할까? 바로 함수를 합성할 때 나온다.

length 함수를 합성하는 예를 살펴보자. length 함수는 문자열을 받아 해당 문자열의 길이를 나타내는 정수를 반환한다. square 함수는 정수를 받아 주어진 정수의 제곱을 나타내는 정수를 반환하는 함수다. 이제 두 함수를 합성해보자.

스칼라

```
(square compose length)("abc")  // = 9
square(length("abc"))           // = 9
square(3)                       // = 9
```

이 예에서 length 함수를 square 함수로 합성하고 square o length로 표시하는 또 다른 사상을 얻었다.

범주의 몇 가지 예를 더 살펴보자. 먼저 반군semigroup이 필요하다. 반군은 주로 2가지로 구성되는데, 원소들의 집합(비어 있지 않은 집합일 수 있음)과 집합에 대한 이항 연산이다. 정수의 곱셈과 같은 이항 연산은 2개의 정수를 가져와 새로운 값을 반환한다. 여기서 지켜야 할 조건이 하나 있다. 이항 연산은 결합적associative이어야 한다. 앞으로 이항 연산은 별표(*)로 표시할 것이다.

모든 x, y, z에 대해 다음과 같이 결합적이면 x * (y * z) = (x * y) * z가 성립한다.

반군은 결합적인 이항 연산을 갖는 비어 있지 않은 집합이다.

예를 들어 집합이 0 이상의 정수 집합이고 연산이 곱셈 연산이라고 가정하자. 먼저 두 숫자를 곱하면 또 다른 0 이상의 정수가 된다. 이 개념이 반군에 필요하다. 이항 연산을 사용해 반군의 두 원소를 결합하면 다시 반군에 있는 원소를 얻어야 한다.[1] 여기서 증명하지는 않겠지만 정수에 대한 곱셈은 결합적이다. 따라서 어떤 정수에 다른 정수를 곱한 결괏값은 반군을 형성한다.

또 다른 예를 살펴보자. 모든 3 × 3 실수 행렬을 원소로 하는 집합이 있다고 가정하자. 행렬이 무엇인지 모른다면 이 예제를 건너뛰어도 좋다. 연산은 행렬의 곱셈이 되는데, 이것이 결합적이라는 것을 보여줄 수 있다. 우연히도 행렬의 곱셈은 가환적commutative이지 않다. A * B는 반드시 B * A와 같을 필요는 없다. 그러나 반군이 되기 위한 요구 사항으로 교환 법칙은 필요하지 않지만 결합 법칙은 필요하다.

반군의 2가지 예를 살펴봤지만 모든 반군을 한 번에 공부하고 싶다고 가정해보자. 이 경우 반군의 범주를 공부할 수 있다. 이때 사상은 무엇일까? 이 질문은 좀 더 복잡하다. 사상을 한 반군에서 다른 반군으로 가는 함수라고 단순하게 말하고 싶을 수 있지만 이것만으로는 충분하지 않다. 범주론은 구조의 모든 것과 관련돼 있으며 겉보기에 다른 대상에서 유사한 구조를 찾는 것이다. 그렇다면 반군은 어떤 구조를 가질까? 이러한 구조는 곱셈 연산에 의해 결정된다.

반군에서 일반적인 숫자의 곱셈이 아니더라도 흔히 이항 연산을 곱셈이라고 부른다.

---

1. 예를 들어 두 음수를 곱하면 음수를 얻지 못하기 때문에 음수를 이용한 곱셈 연산에서는 반군을 얻을 수 없다.

이 경우 사상의 개념은 어떻게든 반군의 곱셈 구조를 파악해야 한다. 다음 예에서는 이것을 어떻게 파악하는지 살펴본다.

S_1과 S_2를 반군 범주에 있는 2개의 대상이라 하자.

S_1의 모든 x, y에 대해 다음을 갖는다면 S_1에서 S_2로 가는 함수 h는 사상이며 다음과 같다.

$$h(x * y) = h(x) * h(y)$$

이는 두 반군이 유사한 곱셈 구조를 갖고 있다는 것을 의미한다. h가 $x * y$를 매핑하는 위치를 알고 싶다면 h가 x를 매핑하는 위치와 h가 y를 매핑하는 위치를 확인한 다음 S_2에서 함께 곱하면 된다. 이때 사상을 매핑하는 대상의 이름을 바꾸는 것으로 생각할 수 있다. 이 경우 S_1의 x는 S_2의 $h(x)$에 대응한다. 그리고 S_1의 y는 S_2의 $h(y)$에 대응한다. h가 사상이라는 것은 $x * y$가 $h(x) * h(y)$에 대응하는 것을 의미한다. 그것은 원래 전체 집합의 모든 개체에 대응되는 파트너가 대체될 수 있는 전체 집합에 존재하는 것과 비슷하다.

이러한 모든 내용이 함수형 프로그래밍와 어떤 관련이 있을까? 다음 절에서 살펴보자.

Scal 범주

함수형 프로그래밍 이론이 범주론으로부터 유래했고 하스켈을 통해 이를 자주 접하게 되지만 실제로는 오직 하나의 특정 범주에만 관심을 두고자 한다.

먼저 프로그래밍 언어를 선택해야 한다. 이론적으로 타입이 있는 모든 프로그래밍 언어를 선택할 수 있다. 여기서는 스칼라를 사용할 것이다. 스칼라는 특히 함수형 합성에 적합하고 코드의 대부분이 의사 코드와 거의 유사할 정도로 충분히 명확하기 때문이다. 나는 이 범주를 Scal 범주라 부른다. 하스켈 언어와 관련해 잘 확립된 범주가 Hask이기 때문이다.

Scal 범주의 대상은 String, Int, Boolean과 같은 단순한 타입뿐만 아니라 List[String], Map[Int,Double] 및 기본 타입에서부터 만들 수 있는 모든 스칼라 타입의 집합이다. User, Account 등과 같은 사용자 정의 타입도 포함할 수 있다. 이론적으로 타입이 있는 모든 프로그래밍 언어의 범주를 살펴볼 수 있다. Scal 범주로 작업하고 있지만 필요하면 자바를 기반으로 하는 범주로 작업할 수도 있다. 이 경우 대상은 자바 언어의 타입이다.

Scal 범주의 대상은 모든 스칼라 타입이다. String, List[Int], Map[Int, User]는 모두 Scal 범주의 대상이다.

사상

String 및 Int와 같은 2가지 타입을 사용하는 경우 이들 사이의 사상을 어떻게 정의해야 할까? 간단하게 String에서 Int로의 사상을, String을 취하고 Int를 반환하는 함수라 정의하자. length 함수를 이 두 타입 사이의 사상을 예로 들 수 있다. 문자열(예, "abc")을 취해 Int(이 경우 3)를 반환한다.

A와 B가 스칼라의 타입이라면 A에서 B로의 사상은 A를 취하고 B를 반환하는 함수다.

두 사상의 합성에 대한 다음 예를 살펴보자. 임의의 범주에서 사상 $f: A \rightarrow B$와 사상 $g: B \rightarrow C$가 존재하면 사상 $h: A \rightarrow C_{(h\,=\,g\,\circ\,f)}$가 존재한다는 것을 알 수 있다. 그렇다면 올바른 방식으로 정렬된 2가지 사상을 갖고 두 사상의 합성이 무엇인지 살펴보자.

$f: $ String $\rightarrow$ Int는 $f(s) = s.length$로 정의된다.

g: Int $\to$ Int는 $g(n) = n * n$으로 정의된다.

따라서 f는 length 함수이고 g는 square 함수다. 이것들의 합성은 어떨까? 바로 $(g \circ f)(s) = $ s.length * s.length와 같다.

대상이 타입이고 두 타입 A와 B에 대해 사상은 A를 취하고 B를 반환하는 함수인 Scal 범주를 갖는다.

여기서는 Scala를 사용했지만, 프로그래밍 언어가 한번 결정되면 함수형 프로그래밍에 적용되는 모든 범주론은 하나의 Scal 범주를 다룬다. 여기서 대상은 스칼라의 타입이고 A에서 B로의 사상은 A 타입의 대상을 취하고 B 타입의 대상을 반환한다.

펑터

펑터[fnctor, 함자]는 재밌는 단어다. 함수[function]처럼 들리지만 실제로도 함수다. 그러나 펑터는 특별한 종류의 함수다. 이 기능을 정의하기 전에 펑터에 해당하는 스칼라의 몇 가지 예를 살펴보자. 스칼라의 펑터로는 List, Option, Future가 있다.[2] 이 예제에는 2가지 공통점이 있다. 첫째, 제네릭[generic] 타입이다. 즉, 다른 타입을 파라미터로 사용한다. 스칼라에서 List만 가질 수는 없다. 하지만 List[String], List[Int] 또는 List[User]를 가질 수 있다. List[String]은 펑터가 아닌 타입이다. 하지만 List 자체는 펑터다.

List[String]은 펑터가 아니라 타입이다. List 자체는 펑터다. 예를 들어 String과 같은 타입에 적용하면 타입을 얻을 수 있다. 이러한 이유로 스칼라에서 펑터를 타입 생성자라고도 한다.

또 다른 고려 사항은 모든 펑터에 map 함수가 있다는 점이다. 예를 들면 다음과 같다.

---

2. 이러한 개념에 대한 자세한 내용은 부록을 참고한다.

스칼라

```scala
val lst = List(1,2,3,4)  ❶
lst.map(n => n*n)         ❷
//List(1,4,9,16) 반환
```

❶ 숫자 4개를 갖는 리스트를 만든다.

❷ List는 펑터이므로 map 함수가 존재한다.

이제 '펑터'를 정의해보자. 먼저 범주 C_1과 C_2 2개를 지정해야 한다.

그러면 C_1에서 C_2로 가는 펑터 F는 첫 번째 범주에서 두 번째 범주로 가는 함수며 다음 속성을 만족한다.

1. F는 C_1의 대상을 C_2의 대상으로 가져온다(List가 String을 List[String]으로 가져가는 것과 같다).

2. F는 C_1의 사상을 C_2의 사상으로 취한다(List가 사상에 대해 수행하는 작업은 더 까다롭다. 여기에는 map 함수가 포함되며 다음에 다룬다).

3. f와 g의 사상의 정의역과 공역이 정렬될 때마다 $F(f \circ g) = F(f) \circ F(g)$이다.

이 조건은 기본적으로 두 범주 C_1과 C_2가 사상에 대해 유사한 구조를 갖고 있다는 것을 의미한다. 펑터를 고려할 때 염두에 둬야 할 점은 펑터가 두 범주가 얼마나 유사한지를 측정한다는 점이다.

펑터를 정의하려면 먼저 2개의 범주 C_1과 C_2가 필요하다. 그런 다음 펑터는 다음에 설명하는 특정 속성을 만족하는 C_1에서 C_2로 가는 함수다.

펑터를 정의하려면 2개의 범주가 필요하지 않을까? 그렇지 않다. 펑터는 범주에서 자체로 이동할 수 있다. 이러한 펑터를 엔도펑터endofunctor라고 한다.

Scal 범주에서 고려할 모든 펑터는 엔도펑터가 될 것이다. Scala의 List 타입 생성자를 살펴보자(타입이 아닌 것에 유의하자). List는 무언가의 리스트여야 한다. List 자체는 타입이 아니다. 예를 들어 List[String]은 타입이다. 반면 List 자체는 타입 생성자다. 어떤 항목의 List를 취하면 타입을 얻기 때문에 List는 타입을 '구성'한다. 스칼라에서 이와 유사한 예는 무엇이 있을까? 예를 들면 Option과 Future가 있다.

Scal 범주에서 펑터의 예로는 List, Option, Future가 있다. 그것들은 Scal 범주에서 자신으로의 펑터다.

이러한 펑터를 엔도펑터라고 부르는 것을 기억해두자. List, Option, Future는 엔도펑터의 예며 모든 엔도펑터는 펑터다.

사상에 대해 펑터가 하는 일

먼저 List는 Scal의 대상을 Scal의 대상으로 취한다. 예를 들어 List는 대상 String을 대상 List[String]으로 가져온다. 둘째, 또한 List는 사상을 사상으로 취한다. 이는 어떻게 작동할까? length와 square 사상을 고려해보자. length는 String에서 Int로의 사상이고, square는 Int에서 Int로의 사상이다. 그들의 square o length 합성은 String에서 Int로의 사상이다. 문자열을 가져와 문자열 길이의 제곱을 반환한다.[3]

따라서 우리는 List가 String을 List[String]으로 가져가는 방법을 배웠다. 그렇다면 List는 사상에 대해 어떻게 작용할까? List(length)는 무엇일까? 이것은

---

3. 조금은 부자연스럽지만 사상의 합성을 잘 묘사해주고 있다.

이상하게 보인다. 우리는 함수 리스트를 가져오는 것이 익숙하지 않다.[4] 이것은 무엇을 의미할까? length 함수는 String에서 Int로 이동하므로 List(length)는 List[String]에서 List[Int]로 이동해야 한다. List[String]을 List[Int]에 매핑하는 다른 이름을 가진 함수를 생각할 수 있는가? map 함수를 떠올렸다면 맞다. 스칼라에서는 다음과 같이 작성한다.

스칼라

```
List("abc", "defgh").map(_.length)   //== List(3,5)
```

스칼라에서는 특정 타입에 대해 **map** 함수가 정의돼 있다(이것이 정확히 펑터라는 것을 알게 될 것이다). 따라서 펑터가 주어지면 기본적으로 이러한 **map** 함수가 있다. 펑터가 사상에 대해 어떻게 작동하는지 알고 싶을 때 특정 방식으로 **map** 함수를 사용할 필요가 있다. 앞서 이것을 length로 표현했지만 좀 더 일반적인 경우에 어떻게 보이는지 살펴보자.

펑터는 함수형 프로그래밍에서 map 함수를 구현하는 타입이 있는 모든 곳에서 나타난다. 펑터를 매핑 가능한 트레잇(trait 또는 인터페이스)으로 생각해보자.

Scal 범주의 예를 살펴보자.

스칼라에서 스칼라로의 펑터 List를 생각해보자. 펑터가 대상을 대상으로 매핑하고 사상을 사상으로 매핑한다고 설명했다. 이 경우 List는 Scal의 대상 A를 스칼라의 대상 List[A]로 가져온다. 이때 Scal의 대상은 타입이라는 점을 기억하자.

펑터 List가 사상에 대해 수행하는 작업은 어떨까? A = String 및 B = Int라고

---

4. 함수 리스트가 아닌 이상 이 예에서는 함수 리스트를 의미하는 것이 아니다. 지금 펑터로서 List를 함수에 적용하고 있다.

하고 List가 length: $A \rightarrow B$에 대해 수행하는 것이 무엇인지 살펴보자.

그러면 List(length)는 Scal 범주에서 사상이어야 한다. length가 String에서 Int로 이동하기 때문에 List(length)가 List[String]에서 List[Int]로 이동한다는 것을 알고 있다. List[String] 타입의 대상을 가져와 List(length)가 어떻게 작동하는지 살펴보자.

```
List(length)(List("abc")) = List("abc").map(s => s.length)
```

이 식은 List(3)과 같다.

스칼라에서는 이 함수를 List(length)로 생각하지 않고 map 함수로 생각한다. 실제로 각 펑터에 하나씩 대응되는 많은 map 함수가 있다. 스칼라에서는 이것을 모든 컨테이너와 같은 자료 구조에 적용할 수 있는 하나의 map 함수로 생각한다. 범주론에서 map 함수는 펑터를 사상에 적용할 때 얻을 수 있는 결과다.

앞서 함수형 프로그래밍에서 범주론의 이론을 건너뛸 수 있다고 언급했다. 그리고 완전히 실용적인 방식으로 살펴볼 것이라고 했다. 이는 펑터에 대해 다음으로 알아볼 내용과 같다.

펑터의 프로그래밍 언어 표현

프로그래밍 언어 용어에서 펑터는 무엇일까? 펑터는 단순히 map 메서드를 구현하는 인터페이스(또는 스칼라의 트레잇^{trait})다.

펑터는 단순히 map 메서드가 정의된 트레잇이기 때문에 매핑 가능하다(mappable)고 할 수 있다. 펑터를 보면 map 메서드가 있다고 생각하자.

지금까지 살펴본 것처럼 펑터를 바라보는 방법에는 2가지가 있다. 펑터를 map

메서드를 구현하는 트레잇(또는 인터페이스)으로 나타내거나 범주론에서 생각하는 방식으로 생각할 수 있다. 이러한 관점에서 펑터는 스칼라 타입에서 스칼라 타입으로의 함수며 Scal 범주의 사상에서 Scal의 다른 사상으로의 함수이기도 한다. 특히 A와 B가 스칼라 타입이고 f가 A에서 B로의 사상이라면 F(f)는 F[A]에서 F[B]로의 사상이다. 이는 F가 2가지 타입에 대한 문맥과 그들 사이의 사상을 제공한다고 생각할 수 있다. 또한 A와 B에서 작업을 시작해 F[A]와 F[B]에서 작업을 끝낸다. 따라서 우리는 A와 B를 문맥화했다. 문맥 F에서 사상 f를 나타내는 것을 알고 싶다면 F[A]에서 F[B]로의 사상 F(f)를 살펴보자. 이 사상은 무엇일까? fa가 F[A]의 원소면 F(f)는 fa를 fa.map(f)로 취한다.

모든 펑터는 각각의 펑터와 관련된 map 메서드를 갖고 있어서 항상 표현식을 수행할 수 있다는 것을 기억하자. 예를 들어 List 펑터를 사용할 수 있다. 이 예에서 A = Int, B = Int, F = List며, 사상 square f: A -> B를 square 함수라 하자.

그런 다음 F[A] = List[Int] 및 F[B] = List[Int]도 마찬가지다. F(square), 즉 List(square)는 무엇일까? 이를 위해서는 모든 펑터와 마찬가지로 List와 함께 제공되는 map 함수가 필요하다는 것을 기억하자. 이러한 모든 것을 다음과 같이 작성했다.

```
F(square)(fa) = fa.map(f) or
List(square)(fa) = fa.map(square)
```

위의 코드는 다음과 같은 결과를 보여준다.

```
List(square)(List(1,2,3,4)) = List(1,2,3,4).map(square) = List(1,4,9,16)
```

범주 C에서 범주 D로 가는 펑터가 충족해야 하는 3가지 속성이 있다.

- 펑터 F는 C의 대상을 D의 대상으로 취한다. Scal 범주의 경우 F는 스칼

라 타입을 스칼라 타입으로 취한다는 것을 의미한다.

- F는 C의 사상을 D의 사상으로 취한다.

- 합성 속성은 다음과 같다.

  F(f o g) = F(f) o F(g)다. 여기서 f와 g는 사상이다.

펑터 List 및 length와 square 사상에 대한 속성을 확인해보자.[5] 여기서 length
는 String에서 Int로의 사상이고 square는 Int에서 Int로의 사상이다.

값을 대입하면 다음을 증명해야 한다.

```
List(square o length) = List(square) o List(length)
```

여기서 왼쪽 표현식은 List[String] 타입의 대상을 List[Int] 타입의 대상으로
가져온다. 예를 들면 다음과 같다.

```
List(square o length)(List("hello", "universe")) =
List("hello","universe").map(square o length) =
List(square o length ("hello"), square o length ("universe")) =
List(square(5), square(8)) = List(25,64)
```

이제 List(square) o List(length)를 계산해보자.

```
List(square) o List(length))(List("hello","universe")) =
List(square)(List(length)(List("hello","universe"))) =
List(square)(List("hello","universe").map(length) =
List(square)(List(5,8) = List(5,8).map(square) = List(25,64)
```

---

5. 이 부분은 공식이 좀 어렵다. 이해하기 어렵다면 건너뛰어도 좋다.

양변은 같다. 위에서 보인 이 특별한 경우는 사실 항상 참이다. 모든 펑터 F와 두 사상 f 및 g에 대해 항상 다음을 만족한다.

$$F(f \circ g) = F(f) \circ F(g)$$

 이 모든 계산은 F가 펑터의 중요한 속성, 즉 $F(f \circ g) = F(f) \circ F(g)$를 만족한다는 것을 보여준다.

이것은 Option 및 Future와 같은 다른 펑터에도 적용된다. 일단 어떤 것이 펑터라는 것을 알게 되면 이런 방식으로 사상을 합성할 수 있다는 것을 알 수 있다. 그렇다면 왜 이것에 관심을 가져야 할까? 다음 절에서 알아보자.

패턴

이 절에서는 몇 가지 함수형 패턴을 설명한다. 이러한 패턴은 함수형 코드에서 자주 존재하며, 이에 익숙해지면 나중에 함수형 코드를 작성하는 데 도움이 된다. 가장 일반적인 함수형 패턴인 Functor 패턴부터 시작하겠다.

펑터 패턴

이제 펑터가 무엇인지 어느 정도 알게 됐다. 하지만 펑터가 어떻게 유용할까? 펑터는 다음과 같은 2가지 이유로 유용하다.

- 펑터는 항상 map 함수를 갖고 있다.
- 펑터는 항상 합성될 수 있다.

다음 예에서는 2개의 펑터를 합성하는 것이 어떻게 유용한지 보여준다.

Option 리스트가 있다고 가정하자.

스칼라

```
val listOfOptions = List(Some(8), None, Some(2))
```

Some과 None에 익숙하지 않은 경우 부록의 'Option 타입' 절을 참고한다. 숫자 1, 8, 2를 더하고 싶다고 가정해보자. 대부분의 언어는 바로 사용할 수 있는 기본적인 펑터 생성자를 제공하지 않는다. 함수형 언어에 가장 가까운 스칼라 조차도 이러한 기능이 없다. Cats(https://oreil.ly/IXxBp) 라이브러리가 있지만 범주론 구성을 '일급^{first class}' 대상으로 제공한다.

함수형 스칼라 커뮤니티에서 Cats는 함수형 구조에서 가장 많이 활용되는 라이브러리다.

먼저 Cats와 함께 제공되는 펑터의 트레잇을 살펴보자.

스칼라

```
trait Functor[F[_]] {
  def map[A, B](fa: F[A])(f: A => B): F[B]
}
```

모든 펑터가 갖고 있는 **map** 함수를 볼 수 있다. 그러나 F[_]는 무엇일까? F[_]는 타입 생성자를 표현하는 스칼라의 방식이다. 여기서 F는 우리가 펑터라고 생각하는 것이다. 이때 항상 해오던 펑터의 합성이 어떻게 유용한지 설명하고 싶다는 것을 기억하자. **listOfOptions**의 예로 돌아가 보자.

```
val listOfOptions = List(Some(8), None, Some(2))
```

스칼라의 Cats 라이브러리에서 Functor의 트레잇에 대한 정의는 예에서 훨씬 단순화됐다. Cats에서 제공하는 한 가지 방법은 **compose**다. 옵션의 숫자에 1을 더하려면 다음과 같이 할 수 있다.

스칼라

```
import cats.Functor
import cats.syntax.all._
val listOption = List(Some(1), None, Some(2))
// listOption: List[Option[Int]] = List(Some(value = 1), None, Some(value = 2))

// Functor의 compos[1]e 사용하기
Functor[List].compose[Option].map(listOption)(_ + 1)
// res1: List[Option[Int]] = List(Some(value = 2), None, Some(value = 3))
```

Int의 Option 리스트가 있고 Int를 매핑하려고 한다. 이 표현식을 사용하면 List와 Option을 합성해 새로운 펑터를 얻을 수 있다. 그런 다음 이 펑터의 map 함수를 통해 Int를 익명 함수 _ + 1에 매핑할 수 있다. 이는 스칼라에서 1을 더하는 익명 함수를 작성하는 방법이다. 다음과 같이 실행해볼 수 있다.

```
val listOfOptions = List(Some(8), None, Some(2))
```

그리고 다음과 같은 결과를 제공한다.

```
val listOfOptions = List(Some(9), None, Some(3))
```

이 표현에는 많은 의미가 함축돼 있다. 이는 함수형 프로그래밍에 대한 펑터 합성의 힘을 보여주는 좋은 예다.

모노이드

3장의 앞부분에서 언급했듯이 반군은 결합적 연산이 있는 집합이다. 반군이 반군에 존재하는 모든 원소 x에 대해 $e * x = x * e = x$인 항등원 e를 갖는다면 이 반군을 **모노이드**^{Monoid}라 한다.

예제 3-1과 3-2에서 모노이드의 몇 가지 예를 살펴보자.

예제 3-1. 모노이드의 예

M을 음이 아닌 정수의 집합이라고 하자. 덧셈 연산과 함께 이것은 반군이다. 그러나 집합 M에는 0이 있다는 점에 유의하자. 음이 아닌 정수의 좌측이나 우측에 0을 더하면 원래의 정수가 된다는 것을 알고 있을 것이다.

모든 반군이 가환적이지 않기 때문에 좌측 또는 우측이라고 한다. 반군에서 $a * b = b * a$라는 것이 항상 참은 아니다.

음수가 아닌 정수의 경우 덧셈은 가환적이다. 따라서 이 정의에서 좌측과 우측을 말하는 것은 불필요하다. 이것이 모노이드며 (N, + , 0)처럼 쓸 수 있다.

예제 3-2. 모노이드의 또 다른 예

M을 행렬 곱셈을 사용하는 모든 2 × 2 정수 행렬의 집합이라고 하자. 항등 행렬을 사용하면 대각선에 1이 있고 그 외 성분은 0인 행렬이 모노이드다. 행렬 곱셈은 일반적으로 가환적이지 않지만 주어진 행렬의 좌측이나 우측에 항등 행렬을 곱하면 해당 행렬을 다시 얻는다.

모노이드는 함수형 프로그래밍에서 어떻게 유용할까?

여러 숫자를 더하는 함수가 필요하기 때문에 명령형 방식으로 자바 코드를 작성해보자. 다음과 같이 확실하게 코드를 작성할 수 있다.

자바

```java
int sum(List<Integer> lst) {
    int result = 0;
    for (int i=0; i<lst.size(); i++) {
        result += lst.get(i);
    }
    return result;
}
```

이 코드는 정수 리스트의 합계를 계산한다. 이를 함수형 프로그래밍 관점에서 분석해보자. 먼저 상태가 어떻게 변화하는지 살펴봐야 한다. result 값은 프로그램이 실행되는 동안 지속적으로 변한다. i의 값도 마찬가지다. 더 높은 수준의 추상화된 sum 함수를 표현하고자 모노이드를 사용하고 상태를 변경하지 않는 함수형 버전의 함수를 작성해보자. 함수형 프로그래밍에는 foldLeft라는 함수가 있다.[6] 본질적으로 foldLeft는 모노이드의 개념에서 파생된다. 모노이드가 있으면 foldLeft를 구현할 수 있다.

예를 들어 다음 모노이드를 고려해보자. 덧셈을 연산으로 갖고 0을 항등원으로 하는 정수 집합이 있다고 하자. 모든 모노이드에서 foldLeft 함수를 만들 수 있다. 항등원은 모노이드의 첫 번째 원소와 결합한다. 그런 다음 그 결과를 가져와 좌측에 있는 모노이드의 다음 원소와 결합한다. 이 작업을 더 이상 원소가 없을 때까지 수행한다. 다시 말해 이항 연산, 즉 두 원소를 결합하는 연산이 주어진다는 것이다. 그리고 모든 원소의 조합을 얻고자 fold는 연산을 하나의 쌍으로 적용한다. 자바에는 reduce라는 유사한 함수가 있다. 다음 예를 살펴보자.

---

6. 마찬가지로 foldRight도 있다. 이 함수는 프로그래밍 언어에 따라 다양한 이름으로 부른다(예를 들어 foldLeft, foldl, foldRight, foldr, fold).

자바

```java
Integer sumAll(List<Integer>lst) {
    return lst.stream().reduce(0, Integer::sum);
}
```

스칼라에서는 다음과 같은 코드로 작성할 수 있다.

스칼라

```scala
def sumAll(lst: List[Integer]) = lst.foldLeft(0)(_+_)
```

스칼라에서 foldLeft는 List[Int] 클래스의 메서드이고 _+_는 익명 함수다. foldLeft는 다양한 상황에서 사용할 수 있다. 범주의 모든 모노이드에는 foldLeft 함수가 존재한다. 예를 들어 문자열 연결 또는 and가 있는 불리언 boolean이 있다. 아무리 복잡한 모노이드라도 항상 사용할 수 있는 foldLeft 함수가 존재한다.

다음은 foldLeft를 얻을 수 있는 방법을 보여주며 foldLeft는 모노이드의 범주적 개념에서 파생되는 유용한 함수다. foldLeft는 다수의 숫자를 더하거나, 다수의 문자열을 연결하거나, 다수의 불리언 표현식을 합치는 일반화된 메서드다. 모든 모노이드에는 foldLeft(또는 foldRight) 메서드가 있지만 이전에 언급한 것처럼 언어에 따라 이름이 약간 다를 수 있다.

우리의 목표는 모나드를 이해하고, 모나드가 어디에서 왔는지 확인하고, 모나드가 함수형 프로그래밍과 어떻게 관련돼 있는지 이해하는 것이다. 모나드를 정의하려면 먼저 **자연 변환**이라는 개념이 필요하다.

자연 변환

간단하게 설명하고자 자연 변환^{natural transformation}의 정의를 구성하는 모든 기술적인 세부 사항을 다루지는 않겠다.[7] 이 절에서 목표는 범주론의 맥락에서 모나드가 무엇인지에 대한 아이디어를 제공하고 더 나아가 함수형 프로그래밍에서 모나드가 얼마나 유용한지 명확히 하는 것이다.[8]

모나드를 정의하려면 자연 변환이 필요하다. 여러분이 알고 있듯이 펑터는 한 범주에서 다른 범주로의 함수다(예를 들어 Scal에서 Scal로). 그러나 관점을 바꾸고 새로운 범주의 대상이 원래 범주의 펑터인 새로운 범주를 만들 수 있다.

다시 말해 먼저 범주 *C*를 정의하면 *C*에서 *C*로의 모든 펑터를 갖는다. 대상이 *C*에서 *C*로 가는 모든 펑터인 새로운 범주를 만든다. 다음에는 이 새로운 범주에서 사상이 무엇인지에 대해 설명한다.

이제 이러한 펑터가 새 범주의 대상이 되기를 원한다. 그러려면 사상이 필요하다. 즉, 사상에 대한 규칙을 만족하는 엔도펑터 사이에 함수가 필요하다. 나중에 좀 더 실용적인 함수형 프로그래밍 관점에서 모나드를 살펴보겠다. 범주 *C*의 자연 변환은 이 새로운 엔도펑터 범주의 사상에 해당한다. 이러한 사상에는 어떤 속성이 있을까?

범주 *C*에서 범주 *C*로 가는 사상이 존재한다고 가정하자. 이러한 사상을 자연 변환이라고 한다.

다음 내용이 다소 추상적이라고 느낀다면 'flatMap과 unit' 절로 건너뛰어도 좋다.

---

7. 자연 변환은 복잡하다. 온라인에서 더 많은 정보를 찾을 수 있다(https://oreil.ly/zTWXb).
8. 모나드의 이론적 토대에 관심이 없다면 다음 내용을 건너뛰어도 좋다.

이제 엔도사상^{endomorphism}을 정의해보자. 엔도사상은 범주 C에서 자기 자신으로의 사상이다. 일반적인 사상과 같지만 정의역 범주와 공역 범주는 동일하다. E_1, E_2, E_3을 C의 엔도사상이라고 하자. 즉, 이들은 End(C)의 대상이다. $f: E_1 \to E_2$와 $g: E_2 \to E_3$인 두 사상 f 및 g가 있다고 가정해보자. 그런 다음 사상의 정의에 따라 다음과 같은 합성이 존재한다. $g \circ f: E_1 \to E_3$. 이 합성은 결합적이다. End(C)에서 이러한 형태는 원래 범주 C에서 자연 변환이라고 부르는 것이다. 즉, 범주 C에서 시작해 범주 End(C)를 형성하고 End(C)의 사상은 자연 변환이다.

요약하면 End(C)라고 부르는 범주가 있고 대상은 C에서 C로의 펑터며 사상은 자연 변환이라고 한다.

이제 여기에서 어떻게 모나드와 연관 지을 수 있을까?

이를 위한 방법에는 모노이드의 개념을 다시 가져오는 방법이 있다. End(C)에서 임의의 사상 M을 선택한다. M은 모노이드의 구조를 가질 수 있다는 것을 알고 있다. 따라서 End(C) 범주에 모노이드 (M, *, e)가 존재한다. 엔도펑터 범주에 모노이드를 갖는 것이 바로 모나드다. 엔도펑터의 범주에서 모노이드는 범주론에서 모나드가 나타나는 방식이다.

모든 모나드는 모노이드지만 모든 모노이드가 모나드는 아니라는 점을 기억하자. 모나드는 추가적인 구조가 있는 모노이드다.

간단한 범주에서 엔도펑터 범주의 모노이드로 가는 길은 멀다. 좀 더 실용적이고 유용한 방식으로 모나드를 처리하는 방법이 있다. 사실 모노이드의 * 연산에서 **flatMap**이라는 함수로 가져오는 방법과 모노이드의 항등원 e에서 **unit**이라는 함수로 가져오는 방법이 있다. 이 두 함수는 모나드를 설명하는 좀 더 실용적인 방법을 제공할 것이다.

모나드는 모노이드이자 펑터이기도 하다. 펑터로 map 메서드(모든 펑터와 마찬가지로)가 있고 모나드로 flatMap 메서드도 있다.

모나드

이제 모나드가 어디서부터 왔는지 알 수 있다. 실용적인 관점에서 모나드는 어떨까? 모나드를 사용하고 싶을 때마다 엔도펑터를 다뤄야 할까? 그리고 모나드는 어떻게 유용하게 쓰일까? Scal 범주(또는 프로그래밍 언어와 관련된 다른 범주)에 모나드에 대한 훨씬 간단한 설명이 있음이 밝혀졌다. 이 간단한 설명은 flatMap 및 unit 함수와 관련이 있다.

모나드를 보는 훨씬 간단한 방법이 있다. flatMap과 unit이라는 두 메서드만 있으면 된다.

flatMap과 unit

스칼라에서 flatMap과 unit은 모나드를 정의하는 데 사용할 수 있는 2가지 함수로, 다음과 같은 특징이 있다.

스칼라

```
trait Monad[M[_]] {
    def flatMap[A](ma: M[A])(f: A => M[B]): M[B]
    def unit[A](a: A): M[A]
}
```

여기서 M[_]는 타입 생성자다. 타입 A를 M[_]에 넣으면 새로운 타입인 M[A]를 얻는다_(List[A] 또는 Option[A]를 생각해보자). 따라서 우리는 M[A] 타입의 대상인 ma, A에서 M[B]로의 함수인 f를 갖고 있고 f는 M[B] 타입의 대상을 반환한다. 몇 가지 예를 살펴보겠지만 먼저 모나드에 대해 어떻게 생각해야 할까? 함수형 프로그래밍 관점에서 모나드를 생각하는 가장 좋은 방법은 모나드가 대상에 대한 문맥을 제공한다는 것이다. 대상에 추가적인 구조를 추가하는 것으로 생각할 수도 있다. M[A]가 있으면 M이 문맥이다. 이는 타입 A에 구조를 추가하는 것으로 생각할 수 있다.

A가 임의의 타입이면 M[A]는 구조가 추가된 A다. 이때 추가된 구조는 M이다.

모나드의 실질적인 정의에 대해 알아보자. 이를 위해 flatMap과 unit 함수를 사용할 수 있다. 먼저 좀 더 단순한 unit부터 살펴보자. unit은 A 타입의 원소를 가져와 문맥 M[A]에 넣는다. 여기서 M은 앞서 언급한 모나드다. 따라서 M이 Option이고 문자열 "abc"로 시작하면 대상 Some("abc")를 얻는다. 이 대상은 Option[String]을 타입으로 갖는다. 대상 Some("abc")가 문자열이라고 말하는 것은 올바른 표현이 아니지만 이에 대한 효과를 말하고 싶다. Option의 맥락에서 이것이 String이라고 말할 수 있다. 또한 "String을 옵션화했다^{optionized}. 또는 추가적인 구조를 추가했다."고 말할 수 있다.

이제 flatMap은 어떨까? map 함수가 더 간단하므로 먼저 살펴보자.

ma를 M[A] 타입이라 하자. 함수 $f:A \rightarrow B$가 존재한다고 가정할 때 ma.map(f)는 M[B] 타입의 값을 반환한다. map은 기본적으로 문맥 M[A]에서 값 ma를 가져와 f를 적용하고 타입 B의 값을 취한 다음 문맥에서 래핑해 타입 M[B]의 값을 가져온다.

이제 M[A] 타입의 값인 ma를 이미 갖고 있지만 $f: A \rightarrow M[B]$가 있다고 가정한다. 이것은 자주 발생한다. 예를 들어 M은 Option 또는 List일 수 있으며, 매핑을 시도하면 ma.map(f)를 얻는다. 이것을 자세히 살펴보면 map이 M[M[B]] 타입의 값을 반환하는 것을 볼 수 있으며, 이것은 우리가 원하는 것이 아닐 것이다. 이것이 flatMap이 작동하는 부분이다. flatMap은 f를 ma에 매핑하지만 결과를 평면화^{flatten}한다.

ma를 M[A] 타입이라고 하고 $f\colon A \rightarrow M[B]$라 하자. 그렇다면 ma.flatMap(f)는 M[M[B]]가 아닌 M[B] 타입의 값을 반환한다.

이와 관련된 예를 살펴보자.

스칼라

```scala
case class User(name: String)

def getUser(id: Int): Option[User] = Some(User("user" + id))

val users = List(1,2,3).flatMap(id => getUser(id))
```

여기서 flatMap 대신 map을 사용했다면 User의 Option 리스트를 얻었을 것이다. flatMap은 매핑한 다음 평면화한다. 일반적으로 flatMap은 모나드와 관련된 함수를 함께 연결하는 데 유용하다.

flatMap은 먼저 매핑한 다음 결과를 평면화한다고 생각할 수 있다.

이전 예를 다시 살펴보자.

```scala
val users = List(1,2,3).flatMap(id => getUser(id))
```

이 예에서 flatMap은 먼저 정수를 User Option에 매핑한 다음 User Option을 평면화한다. 여기서 평면화는 User를 Option에서 제외시키는 것을 의미한다.

덧붙여서 모든 모나드는 펑터이기 때문에 map 메서드가 있지만 map 메서드가 있다는 것을 증명할 필요는 없다. flatMap과 unit을 취하면 map을 정의할 수 있기 때문이다. 예를 들어 다음과 같이 map을 얻을 수 있다.

```
m map g = m flatMap (x => unit(g(x)))
```

flatMap과 unit이 있으면 별다른 어려움 없이 map 함수를 얻을 수 있다.

모나드는 flatMap과 unit이라는 2가지 메서드를 구현하는 트레잇(또는 프로그래밍 언어에 따라 일종의 인터페이스)이라고 말할 수 있다. 또한 모든 모나드는 펑터이기도 하므로 map 함수가 있어야 한다. 이전 표현식은 flatMap 및 unit에서 map 함수를 얻는 방법을 보여준다.

모나드를 범주 이론에 있는 그대로 완전히 이해하려면 더 많은 작업이 필요하다. 복잡한 모나드 구성과 flatMap 및 unit을 구현하는 인터페이스 또는 트레잇으로 모나드를 모델링하는 좀 더 간단한 프로그래밍 접근 방식을 확실히 이해했기를 바란다.

또한 이제는 누군가 모나드가 무엇인지 묻는다면 "그것은 엔도펑터 범주의 모노이드다."라고 대답하고 이 말 뜻이 무엇을 의미하는지 어느 정도 이해할 수 있을 것이다.

결론

범주가 무엇인지, Scal 범주가 무엇인지, 펑터, 자연 변환, 모노이드 및 모나드를 코드에 적용하는 방법에 대한 몇 가지 예를 살펴봤다. 앞으로 책에서 더 많은 예를 보여줄 것이다. 펑터 및 모나드 같은 구조와 이를 코드에 적용하는 방법을 배우기 전에 범주론을 배우는 것이 절대적으로 필요한 것은 아니라는 점을 강조하고 싶다. 하지만 앞서 소개한 패턴들을 배움으로써 범주론에 대한 더 깊은 맥락을 파악하고 코드를 작성하는 데에 있어 새로운 관점을 제공할 것이다.

함수형 자료 구조

자료 구조^{data structure}는 컴퓨터 과학의 기본 개념이다. 알고리듬과 함께 컴퓨터 과학을 전공하는 학생이나 프로그래머가 숙달해야 하는 필수 요소다. 함수형 패턴과 마찬가지로 함수형 자료 구조는 코드 표준에서 통일된 정의로 개념이 완전히 확립되지 않았다.

이 책에서는 함수형 자료 구조로 다음과 같은 2가지를 언급한다.

- 함수형 패턴에 사용되는 구조의 예로 Option, Each, Try, List가 있다. 이들은 모나드다.

- 연결 리스트^{linked list}와 같이 상태를 변경하지 않게 함수형으로 구현된 일반적인 자료 구조다.

4장에서는 첫 번째 유형의 함수형 자료 구조를 알아본 다음 함수형 방식으로 구현된 일반적인 자료 구조에 대한 몇 가지 개념을 간단하게 다룬다. 특정 자료 구조를 살펴보기 이전에 문헌에서 논의된 함수형 자료 구조의 개념을 살펴보자. 가장 먼저 앨런 펄리스^{Alan Perlis}의 인용문을 보자(https://oreil.ly/5lY7y).

> 10개의 함수가 10개의 자료 구조에서 작동하는 것보다 하나의 자료 구조에서 100개의 함수가 작동하는 것이 더 좋다.

숙달된 함수형 프로그래머는 연결 리스트, 배열, 해시 테이블^{hash table}과 같은 작은 자료 구조 집합과 Option, Either, Try와 같은 구조를 사용하는 경향이 있다. 이러한 개념들에 대해 나중에 알아볼 것이다. 개인적으로 나는 앞의 인용문은 "더 적은 수의 자료 구조가 코드 베이스에서 더욱 균일하고 간단한 결과를 이끌어낸다."는 것을 간접적으로 언급하고 있다고 믿는다. 이제 일부 함수형 자료 구조를 자세히 살펴보자. 먼저 Option부터 살펴보자.

Option 자료 구조

나는 Option이라는 단어를 언어 중립적인 용어로 사용한다(특정 프로그래밍 언어에 속해있지 않기 때문이다). 다양한 프로그래밍 언어에서 Option 자료 구조의 다양한 버전이 있으며 몇 가지 예를 다룰 것이지만 먼저 개념에 대해 구체적으로 알아보자. 실제로 널^{null} 구문부터 살펴본다. 널은 존재하지 않을 수도 있는 값(선택적인 값이거나 값을 알 수 없는 상황)을 위해 사용한다. 널의 한 가지 문제점은 변수에 객체가 포함돼 있고 해당 변수의 값이 null인 상황에서 메서드가 해당 객체에서 호출되면 프로그램에서 null 포인터 예외^{exception}가 발생한다는 점이다. 예외는 참조 투명성을 깨뜨리기 때문에 함수형 프로그래머의 눈살을 찌푸리게 만든다. null을 발명한 토니 호어^{Tony Hoare}는 자신의 발명품을 10억 달러짜리 실수라고 얘기했다.

> 나는 나의 발명품을 10억 달러짜리 실수라고 부른다. 나는 null 참조를 1965년에 발명했다. 그 당시 객체지향 언어(ALGOL W)의 참조를 위한 최초의 종합형 시스템을 설계하고 있었다. 내 목표는 컴파일러가 자동으로 검사를 실행해 사용한 모든 참조를 완벽히 안전하게 만드는 것이었다. 하지만 구현하기가 너무 간단했기 때문에 null 참조를 포함시키고 싶은 유혹을 뿌리칠 수 없었다. 이로 인해 수많은 오류, 취약성, 시스템 충돌이 발생해 지난 40년 동안 아마 10억 달러의 고통과 피해가 발생했을 것이다.[1]

---

1. 토니 호어(Hoare, Tony). 'Null References: The Billion Dollar Mistake.' 역사적인 나쁜 아이디어(Historically Bad Ideas). QCon 2009에서 강연(Lecture presented at the QCon, 2009). https://oreil.ly/sQSnH

그러나 null 값이 없다면 선택적이거나 값이 없을 수 있는 데이터를 어떻게 처리할 수 있었을까? 널의 핵심 문제 중 하나는 실제 타입이 존재하지 않는다는 것이다. 값을 찾을 수 없거나 선택 사항인 경우를 나타내는 타입을 새롭게 만들 수 있다면 어떨까? 이미 이러한 개념은 있으며 다양한 언어에서 사용 중이다. 이러한 개념이 존재하지 않는 언어에서 새롭게 개념을 만드는 것은 어렵지 않다. 이 타입을 언급하는 몇 가지 방식이 있지만 대부분은 Option 용어의 다양한 버전 중 하나에 해당된다. 자바에는 Optional이 있다.[2] 파이썬에는 일부 Optional과 유사한 None 객체가 있지만 Option과 완전히 일치하는 기능은 없다. 하지만 파이썬에서 Option을 생성하는 것은 어렵지 않다. Option의 기본 아이디어는 다음과 같다. id를 가져와 Customer 객체를 반환하는 메서드가 있다고 가정한다. 주어진 id를 갖는 Customer가 없으면 어떻게 해야 할까?

 Customer를 찾을 수 없을 때 예외를 전달할 수 있지만 이전에 말했듯이 이것은 참조 투명성을 깨뜨리기 때문에 함수형에 해당하지 않는다. 함수에서 예외가 발생하면 동일한 입력을 입력할 때마다 동일한 출력값이 나오는 것이 더 이상 참이 아니기 때문이다.

여러분이 예외를 선호하더라도 이번 예제는 예외에 적합한 예제가 아니다. 예외는 일어나서는 안 되지만 실제로 발생한 것을 뜻한다. 시스템이 제공하는 예전 id가 실제 Customer와 일치한다고 믿을 만한 타당한 이유가 없다는 것은 논쟁의 여지가 있다. 이런 일이 발생하는 상황은 흔히 일어난다. 우리가 예상해야 할 결과 중 한 가지라고 말할 수도 있다. 그렇다면 예외를 발생시키지 않고 어떻게 처리할 수 있을까? 이제 Option 구문에 대해 알아보자. Option은 특정 프로그래밍 언어의 구문이 아닌 일반 데이터 구문을 의미한다. Option은 일반적으로 2개의 부분으로 나뉘는데, 첫 번째는 값을 저장하는 컨테이너container다. 이는 유효한 값이 어떻게든 계산되거나 결괏값을 갖게 된 경우에 해당한다. 두 번째는 유효한 값을 사용할 수 없는 경우를 나타낸다. 이는 Option 타입을

---

2. 다른 함수형 구문과 마찬가지로 이는 자바 8 또는 이후의 버전이 필요하다.

지원하지 않는 프로그래밍 언어가 null을 사용해야 하는 상황에 해당한다. 이제 스칼라의 예를 살펴보자. 지정된 id로 고객을 검색하는 예제로 다시 돌아가면 스칼라에서 다음과 같은 코드를 실행할 수 있다.

스칼라

```
def getCustomer(id: Int): Option[Customer] = {
    // 데이터베이스에서 고객을 찾는 코드
}
```

위 함수는 2가지 중 하나를 반환할 수 있다. 먼저 id 값이 고객에 해당되는 경우 메서드는 다음과 같은 값을 반환할 것이다.

```
Some(customer)
```

특정 id에 해당하는 고객이 없을 경우 함수는 다음과 같은 값을 반환한다.

```
None
```

그렇다면 여러분은 다음과 같이 해당되는 상황을 처리하는 데 필요한 조치를 취할 수 있다. Some(customer)를 반환하면 다양한 방법으로 customer를 Some 컨테이너에서 꺼내 사용할 수 있다. 한 가지 일반적인 방법은 스칼라의 패턴 매칭 기능을 사용하는 것이다. 다음의 코드는 이러한 예에 해당한다.

```
getCustomer(17) match {
    case Some(customer) => // customer를 활용해 작업
    case None => // 이러한 상황을 처리하기 위한 조치를 실시
}
```

더 일반적인 또 다른 접근 방식으로 map, flatMap 또는 filter와 같은 고차 함수 중 하나를 사용하는 방법이 있다. 예를 들면 다음과 같다.

```
val customer = getCustomer(17) map { customer => customer.firstName}
```

customer 변수에서 값을 얻은 경우는 예를 들어 Some("Peter")와 같은 상황을 포함시킬 수 있다. 고객이 없을 경우 None이 반환되고 프로그래머가 이러한 상황을 처리할 수 있다.

컴파일 도중이 아닌 런타임에 발생하는 null과는 다르게 Some 및 None은 타입이므로 컴파일러가 타입과 관련된 오류를 찾는 데 도움을 받을 수 있다는 점을 파악하는 것이 중요하다.

이제 각각 Some(customer), None인 Option 객체 리스트가 있다고 가정해보자. 그리고 None을 무시하는 고객 리스트로 변경하고 싶다고 가정해보자. 또한 getCustomers가 Customer 객체의 옵션 리스트를 반환한다고 가정하자. Customer 객체는 다음과 같은 case 클래스일 수도 있다.

```
case class Customer(id: Int, firstName: String)
```

고객의 Option 리스트는 다음과 같다.

```
val customers = List(Some(Customer(1,"Bob")), None, Some(Customer(33, "Lee")),
                                    None, Some(Customer(5, "Rhonda")))
```

그 후 다음의 코드를 실행할 수 있다.

```
customers.flatten
```

그러면 다음과 같은 결과가 반환된다.

```
List(Customer(1,"Bob"), Customer(33, "Lee"), Customer(5, "Rhonda"))
```

None을 간단하게 제외하는 방법을 살펴봤다.

이제 자바의 몇 가지 예를 살펴보자.

자바

```
Optional<User> optUser = findUserById(123);

optUser.ifPresent(user -> {
    System.out.println("User's name = " + user.getName());})
}
```

위의 코드에서 findUserById는 주어진 id 값을 찾으면 User 객체의 Optional을 반환한다. 그렇지 않을 경우에는 중괄호 안의 코드는 실행되지 않는다. 이 작업을 수행하는 사전 Optional 방법은 사용자를 찾을 수 없는 경우 findUserById가 null을 반환하는 것이었다. 문제는 실제로 값이 null인 User 객체에서 메서드를 호출하면 NullPointerException이 발생한다는 것이다. Optional을 사용하는 이전 코드에서는 예외가 발생하지 않는다.

파이썬에서는 이제 더 이상 Option 클래스를 사용하지 않는다. None 객체는 여전히 있지만, 이는 Option을 구성하는 요소의 반쪽에 불과하다. 하지만 이것만으로도 유용하다. 여러분은 다음과 같이 작업할 수 있다.

파이썬

```python
def getUser(id):
    # 데이터베이스에서 사용자 가져오기

    # 데이터베이스 콜이 실패하면
    return None
```

그런 다음 이 함수를 호출할 때 다음과 같이 실행할 수 있다.

```python
if getUser(789) is not None:
    # 작업하기
```

이 코드는 null을 확인하는 것과 굉장히 비슷해 보인다고 말할 수 있으며, 나 또한 이러한 의견에 동의한다. 여러분이 정말 필요하다면 파이썬에서 Option 클래스를 만들 수 있다. 다음은 한 가지 방법을 보여준다.

```python
class Option:
    def get_or_else(self, default):
        return self.value if isinstance(self, Some) else default

class Some(Option):
    def __init__(self, value):
        self.value = value

class Nothing(Option):
    pass
```

파이썬에 이미 None 객체가 있기 때문에 나는 이것을 Nothing이라고 이름 지었다. 이는 엄밀히 말해 파이썬스럽지 않지만 작업을 성공시킬 수 있는 한 가지 방법이다.

C# 자료 구조에서도 이러한 아이디어와 유사한 버전이 있다. 정확히 Option은 아니지만 Nullable 타입으로, null로 인해 발생하는 문제를 해결하는 데 도움이 되는 구문이다. 이 타입을 사용하면 변수가 null 값을 보유할 수 있음을 명시적으로 나타낼 수 있다. int와 같은 지정된 타입에 대해서는 다음과 같은 타입을 만들 수 있다.

C#

```
Nullable<int>
```

여러분이 보는 것과 같이 이는 제네릭^{generic} 타입이다. 이를 작성하는 간단한 방법은 다음과 같다.

```
int?
```

다음과 같은 코드를 작성할 수도 있다.

```
Nullable<int> n1 = new Nullable<int>(10);
Nullable<int> n2 = null;

if (n1.HasValue) {
   process(n1.Value);
} else {
   // n1이 null 값을 갖는 경우
}
```

이는 NullPointerException 위험 없이 null을 탐색하는 방법이다.

Try 자료 구조

Option 구문은 유용하고 null보다 개선된 방식이지만 적합한 값이 없는 이유에 대한 단서를 제공해주지 않는다. 예외^{Exception}에서는 이러한 기능을 제공해주지만 Option은 제공하지 않는다. Option은 대부분의 상황에서 훌륭한 해결 방법을 알려주지만 때로는 어떠한 것이 잘못됐는지에 대한 정보를 직접 찾아야 한다. Try 구문은 이러한 문제를 해결해준다. Option에 Some과 None이 있듯이 Try에도 Success와 Failure가 있다. Failure는 발생한^{throw} 예외를 래핑^{wrap}한다. 함수형 프로그래밍에서는 최대한 예외를 피하려고 노력하지만 예외를 피할 수 없는 경우도 있다. Try는 이러한 문제를 해결하기 위한 하나의 방법이다. 다음 코드를 살펴보자.

스칼라

```
def divide(a: Float, b: Float): Try[Float] = Try(a/b)
```

그 후 다음과 같은 코드를 실행할 수 있다.

```
divide(3, 0) match {
  case Success(result) =>  // result를 사용해서 작업
  case Failure(ex) => println(ex.getMessage)
}
```

다음은 for 컴프리헨션^{comprehensions}에서의 Try의 예다.

```
def toInt(s: String): Try[Int] = Try(Integer.parseInt(s.trim))

val y = for {
  a <- toInt("9")
  b <- toInt("3.5")
```

```
    c <- toInt("6")
  } yield a + b + c
```

오류가 발생한 사례를 얼마나 잘 처리했는지 확인해보자. y 값은 a, b, c의 합계를 래핑하는 Success를 갖거나 예외를 래핑해 Failure를 가질 수 있다.

이번 예에서 결과는 다음과 같다.

```
Failure(java.lang.NumberFormatException: For input string: "3.5")
```

Either 자료 구조

Try 유형은 Option보다 실패 또는 예외적인 결과에 대한 더 많은 정보를 제공하지만 좀 더 유연성을 제공해주는 타입이 있는지 궁금할 수 있다. Either 구문에서 Either 객체는 Right 또는 Left일 수 있는데, 다음과 같은 방식으로 문제를 해결한다. Right는 Option의 Some 타입과 같다. Left는 모든 타입을 래핑할 수 있다는 점을 제외하면 None과 같다. 다음의 스칼라 예를 살펴보자.

스칼라

```
def divide(a: Int, b: Int): Either[String, Int] = {
  if (b == 0)
    Left("Can't divide by zero.")
  else
    Right(a/b)
}
```

그 후 다음과 같이 작업을 할 수 있다.

```
divide(a, b) match {
  case Left(msg) => // msg를 사용해서 작업
  case Right(res) => // res를 사용해서 작업
}
```

Left 및 Right는 모든 타입을 래핑할 수 있다. 예를 들어 User 및 Error라는 사용자가 정의한 2가지 타입이 있다고 가정해보자.

스칼라

```
case class User(id: Int, firstName: String)

case class Error(id: Int, text: String)

def getUser(id: Int): Either[Error,User] = {
  // api를 통해 user를 찾았다면
  Right(User(id, firstName))

  // 혹은 에러가 발생했다면
  Left(id, text)
}
```

그 후 다음의 코드를 실행할 수 있다.

```
getUser(4) match {
  case Right(user) => println(user.firstName)
  case Left(error) => println(error.text)
}
```

Left는 특별한 이유로 예외를 사용하는 것이 필요하거나, 신중하게 작업하며 Try를 사용하고 싶지 않은 경우 예외를 래핑할 수도 있다. 예를 들어 여러분은 예외가 발생하는 라이브러리를 사용 중일 수 있다. 예외를 수집하고 Left로 래

핑된 오류 타입을 반환하는 것은 언제나 가능하다.

함수형 프로그래밍에 대해 더 깊이 파고들수록 이러한 자료 구조는 유용할 것이다. 또한 경우에 따라 이 책에서 다룬 수많은 구조를 포함하는 서드파티 함수형 라이브러리를 사용하는 것이 필요할 수 있다. 지금까지 스칼라, 자바, 파이썬, C#의 예를 살펴봤다. 이러한 프로그래밍 언어는 라이브러리 없이 수행할 수 있는 함수형 프로그래밍의 분량에 따라 다르지만 모두 몇 가지 작업을 위해 라이브러리가 필요하다.[3]

자바의 경우 함수형 구문을 허용하는 라이브러리가 적어도 2개 이상 있다. 함수형 자바Functional Java(http://functionaljava.org)와 Vavr(https://www.vavr.io)가 있다. 이제 Vavr에 대한 예를 소개하겠다. 일부 코드가 Vavr에만 해당되는 경우 이를 항상 언급할 것이다. Vavr을 사용해 자바에서 `Either`가 어떻게 처리되는지 살펴보자.

자바(Vavr 라이브러리를 사용)

```
private static Either<String, User> getUser(int id) {
  // 사용자 탐색에 성공한 코드
    return Either.right(user);
  } else {
    return Either.left(String.format("No user found with id %s", id));
  }
}
```

파이썬용 함수형 라이브러리는 어떨까? 괜찮은 함수형 라이브러리 중에서 OSlash(https://oreil.ly/6Vd0D) 라이브러리가 있다. OSlash를 사용하는 경우 파이썬 코드를 다음과 같이 작성할 수 있다.

---

3. 순수 함수형 프로그래밍 언어인 하스켈(https://oreil.ly/Vh2ej)은 해당되지 않는다.

파이썬(OSlash를 사용)

```
def get_user(id):
    # user 객체 생성에 성공한 경우
    return Right(user)
    # 에러가 발생해 error 객체를 반환하는 경우
    return Left(error)
```

그러면 다음과 같이 작업할 수 있다.

```
if isinstance(result,Right):
    # 성공한 이후 작업
else:
    # 결과가 에러일 경우
```

고차 함수

Option 또는 Either와 같이 이러한 함수형 자료 구조를 반환하는 함수로 고차 함수^{higher order function}가 적합하다. 먼저 이와 관련된 몇 가지 간단한 예를 살펴보자.

스칼라

```
case class User(id, firstName)

val users: List[Option[User]] = List(Some(User(1, "Jack")),
                                None, Some(User(2, "Andrea")), None, None)
```

users 리스트는 API로 쿼리하고 User의 Option을 가져오는 함수의 결괏값일 것이다. 주어진 id에 대한 User가 없는 경우 함수는 None을 반환한다. None이 아닌 users만 가져오려면 다음과 같이 코드를 작성할 수 있다.

```
users.flatten
```

그러면 다음과 같은 결과를 반환할 것이다.

```
List(User(1,"Jack"),User(2,"Andrea"))
```

종종 고차 함수를 여러 번 호출하면서 변환하는 값의 데이터 파이프라인이 있는 경우가 있다. 예를 들어 스칼라 함수인 getUsers가 있고, 이 함수는 User가 email로 명명된 필드를 갖고 있고 Either[Error, User]를 반환한다고 가정해보자. example.com의 계정에 해당하는 모든 사용자를 필터링하고 싶다고 가정해보자. 결과는 List[Either[Error, String]]로 예상할 수 있다. 여기서 String은 이메일 주소를 나타낸다. List를 사용해 반복하는 명령형[imperative] 접근 방식은 조금 지저분할 수 있다. 고차 함수를 사용하는 함수형 접근 방식을 통해 코드를 단순화시키는 방법을 살펴보자. 이 접근 방식은 진행 중인 작업의 핵심부로 직접 이동한 다음 해당 작업을 수행하며, 반복문은 핵심적인 부분이 아니다. 다음의 코드를 살펴보자.

스칼라

```
case class User(id: Int, email: String)
case class Error(id: Int, text: String)

def getUsers(): List[Either[Error,User]] =
  List(Right(User(1, "jack@example.com")), Left(Error(4,"user not found")),
      Right(User(2, "andrea@example.com")))
```

그러면 다음과 같이 작업할 수 있다.

```
val emails = getUsers().map(either => either.map(u => u.email))
```

이제 이메일에는 다음과 같은 정보가 포함된다.

```
List(Right(jack@example.com), Left(Error(4,user not found)),
    Right(andrea@example.com))
```

이렇게 하면 원하는 필드의 계층 구조로 상세한 정보를 세분화^{drill down}할 수 있다.

Scala의 for 컴프리헨션을 위한 모나드

지금까지 알아본 것처럼 List, Option, Try, Each는 모나드에 해당한다. 스칼라에서 모나드로 할 수 있는 굉장히 유용한 작업 중 한 가지로 for 컴프리헨션^{comprehension}이 있다. 다음의 예를 살펴보자.

스칼라

```
case class Student(id: Int, email: String)
case class FinalGrade(grade: Int)
def getStudent(id: Int): Option[Student] = ???
def getFinalGrade(student: Student): Option[FinalGrade]
```

이 함수는 주어진 id에 해당하는 User 객체를 탐색하며, 해당 객체를 찾으면 Some(User(493, "Alex"))와 같은 결과를 반환한다. 하지만 객체를 찾지 못했다면 None을 반환한다. 이제 다음과 같은 코드를 실행할 수 있다.

```
for {
  student <- getStudent(999) //getStudent을 반환하는 모나드
  finalGrade <- getFinalGrade(student) //getFinalGrade을 반환하는 모나드
} yield (student,finalGrade)
```

위의 코드는 학생의 Option과 finalGrade의 Option으로 구성된 튜플tuple을 반환한다. Option 중 하나가 None이면 for 컴프리헨션의 값은 튜플이 아닌 None이된다. 사실상 이 코드가 컴프리헨션을 위해 하는 작업은 완벽하게 함수형 코드를 취하면서 기존의 명령형 코드처럼 보이게 만드는 것뿐이다. 대부분의 경우 코드를 더욱 명확하게 만들 수 있다. for 컴프리헨션은 실제로 일련의 flatMap 및 map 호출에 대한 문법적 설탕syntactic sugar일 뿐이며 모든 모나드에는 flatMap 및 map이 있다는 것을 알고 있다. students의 Option 리스트부터 시작해보자.

스칼라

```
case class Student(id: Int, email: String)
val students = List(Some(Student(1,"jack@example.com")), None,
                    Some(Student(2, "andrea@example.com")), None)
```

먼저 students를 Option에서 제외하고 None을 무시한다고 가정해보자. 간단하게 flatten 호출로 이 작업을 수행할 수 있다.

```
students.flatten   // List(Student(1,"jack@example.com"), Student(2,
                   // "andrea@example.com"))을 반환
```

이제 여러분이 emails에 관심이 생겨 이메일 리스트를 얻고 싶다고 가정해보자. 그렇다면 다음 코드를 실행할 수 있다.

98

```
students.flatten.map(student => student.email)

// List("jack@example.com","andrea@example.com")을 반환
```

여기서는 flatten을 적용한 다음 map을 적용했지만 때로는 먼저 map을 적용한 다음 flatten을 적용하고 싶을 때가 있다. 이러한 작업을 바로 flatMap을 통해 할 수 있다. 다음의 예를 살펴보자.

```
students.flatMap(optStudent => optStudent)

// List(Student(1,"jack@example.com"), Student(2,"andrea@example.com"))을 반환
```

이 경우 map에 대해 id 식별 함수를 사용해 flatMap 호출을 flatten 호출과 동일하게 만들었다. 우리는 flatMap의 모든 기능을 사용하지 않았다. 좀 더 복잡한 예를 살펴보자. id를 가져온 다음 Student의 Option을 반환하는 getStudent 함수가 있다고 가정해보자. 일부 id는 어떠한 Student도 참조하지 않을 수 있기 때문에 이 함수를 사용하는 것이 좋다. 다음의 코드를 살펴보자.

```
def getStudent(id: Int): Option[Student] = {
  id match {
    case 1 => Some(Student(1, "jack@example.com"))
    case 2 => Some(Student(2, "andrea@example.com"))
    case _ => None
  }
}
```

이제 다수의 id가 있고 어떻게든 리스트의 이전 함수를 호출하려고 한다. 하지만 이 함수는 Option을 반환한다고 가정해보자. 그러면 다음과 같은 작업을 할 수 있다.

```
List(1,2,3).map(id => getStudent(id))
```

그러면 다음과 같은 값이 반환된다.

```
List(Some(Student(1,jack@example.com)), Some(Student(2,andrea@example.com)), None)
```

이 값이 원하던 값은 아닐 것이다. 그렇다면 flatMap을 사용해 문제를 해결해 보자.

```
List(1,2,3).flatMap(id => getStudent(id))
```

이제는 다음과 같은 값이 반환된다.

```
List(Student(1,jack@example.com), Student(2,andrea@example.com))
```

완벽한 결과를 얻었다. flatMap은 리스트(또는 모나드)가 있고 이를 매핑하려고 할 때 유용하지만 매핑하려는 함수가 모나드 자체를 반환한다. flatMap의 flatten 에 해당하는 기능은 컨테이너, 즉 모나드에서 결과를 제거한다.

기존 자료 구조

이제 함수형 자료 구조가 아닌 기존 자료 구조를 살펴보자.

불변성과 기록

모든 함수적인 것과 마찬가지로 불변성은 중요한 퍼즐 조각 중 하나다. 여기서 기록^{history}이라고 부르는 이유는 아무것도 변경하지 않기 때문에 변경된 것을 복사하고 이전 상태를 유지한다는 사실을 의미한다. 예를 들어 특정한 방식으로 구현할 경우 스택^{stack} 또한 함수형으로 구현할 수 있다. 푸시^{push}와 같은 작업은 스택을 제자리에서 수정하는 대신 스택의 복사본을 만들어야 한다. 이를 위해서 일반적으로 빠르게 복사를 수행하는 방법이 필요하다. 이와 관련된 다양한 알고리듬이 있다. 이러한 패러다임을 준수하는 데이터베이스도 있다. 예를 들어 (다양한 함수형 기능을 갖추고 있는) 클로저^{Clojure} 언어를 만든 리치 히키^{Rich Hickey}가 제작한 데이터베이스인 Datomic은 데이터를 절대 덮어쓰지 않는다. 모든 데이터 및 변경 사항의 사본을 유지한다. 이는 함수형 패러다임이 주류가 되기 위한 또 다른 방법에 해당한다.

기존 자료 구조가 함수형인지의 여부는 해당 자료 구조의 특정 구현에 따라 달라진다.

지연

앞서 언어를 함수형으로 만드는 것과 관련해 지연^{lazy}에 대해 언급했다(1장의 '지연 평가' 절을 참고한다). 기본적인 아이디어는 필요할 때만 평가가 이뤄지게 함수 혹은 프로세스를 지연시키는 것이다. 이러한 아이디어의 일부로 함수가 오랜 시간이 걸리는 계산을 실행하는 경우 값을 저장하거나 메모한 다음, 이후 필요할 때(활용 가능한 경우) 사용한다. 이러한 기능은 효율적인 함수형 자료 구조를 만드는 데 있어 유용하다. 하스켈은 지연 언어이고 스칼라에는 지연 키워드가 있지만 기본적으로 지연을 적용하지 않는다. 일반적으로 언어가 일부 또는 완전히 지연을 활용하면 적어도 부분적으로 함수형으로 구성된 언어라고 볼 수 있다.

지연을 활용하면 평가가 필요한 시점에만 표현식의 평가를 수행하도록 대기하게 만들 수 있다.

결론

요약하면 함수형 자료 구조에는 2가지 타입이 있다. 첫 번째는 일반적으로 하스 켈을 통해 범주론에서 나온 구문 집합으로, map 및 flatMap 함수를 갖고 있어 모나드가 될 수 있다. 두 번째는 앞에서 언급한 원칙에 따라 구현된 기존의 자료 구조로 구성된다.

5장

불변성 자세히 알아보기

지금까지 **불변성**^{immutability}이 함수형 프로그래밍에 얼마나 중요한지 알아봤다. 5장에서는 불변성을 촉진시키는 데 도움을 주는 기술을 중점적으로 알아본다. 여기에는 재귀, 고차 함수, 고차 함수와 모노이드의 조합이 포함된다. 5장에서 모노이드^{Monoid}와 폴드^{Fold}라는 새로운 패턴을 다루는데, 이는 겉보기에는 달라 보이지만 실제로 굉장히 유사한 많은 타입의 함수를 나타낸다. 먼저 가변 변수와 불변 변수에 대한 논의와 함께 5장을 시작한다.

불변성은 함수형 코드의 핵심적인 속성이다. 프로그램의 변경 가능한 상태가 적을수록 프로그래머가 프로그램을 작성하는 동안 고민할 대상이 줄어들게 된다. 다수의 프로그래밍 오류는 프로그래머가 변경되는 세부 사항을 대량으로 동시에 유지할 수 없기 때문에 발생한다. 상태를 변경하면 반드시 이를 추적하고 관리해야 하는 복잡함이 발생한다.

가변과 불변 변수

거의 대부분의 프로그래밍 언어에서는 변수를 만들고 값을 설정한 다음 나중에 변수 값을 변경할 수 있다. 이를 허용하지 않는 프로그래밍 언어의 예로 하스켈 (https://oreil.ly/Vh2ej)이 있다. 설정한 이후에 변경할 수 있는 변수를 **가변 변수**^{mutable variable}라고 한다.

명령형 및 객체지향 프로그래밍에서 가변 변수는 어디에서나 사용되고 있다. 내가 언급했던 것처럼 함수형 프로그래밍에서는 가변 변수를 사용하지 않는다.

불변성은 6장에서 살펴볼 동시성과 병렬 처리할 때 더욱 유용하다. 지금은 불변성을 달성할 수 있는 방법을 자세히 알아볼 것이다. 변수 값을 수정하는 대신 새 값으로 변수를 복사하는 것이 얼마나 유용한지는 이미 알아봤다.

스칼라

```
case class User(firstName: String, age: Int)
val user = User("Peter", 34)
```

그리고 다음 년도에는 다음과 같은 결과를 얻을 수 있다.

```
user.copy("Peter", age = 35)
```

기존 인스턴스에서 **age** 변수를 수정하는 대신 새로운 User 인스턴스가 생성됐다. 복사는 불변성을 구현할 수 있는 방법 중 하나다.

함수형 프로그램에서는 객체의 변수를 변경하는 것보다 객체를 복사하는 것을 선호한다.

불변성을 달성하는 또 다른 방법으로 재귀^{recursion}를 활용하는 방법이 있다. 재귀에 대해 자세히 알아보자.

재귀

재귀성^{Recursiveness}은 일부 함수의 속성이다. 간단히 말해 함수 본문의 어딘가에서 자신을 호출하면 재귀적이다. 이러한 특징에 대해 고민해봤다면 조금은 이상하다고 생각할 수 있다. f가 아직 완전히 정의되지 않았을 경우 어떻게 f를 호출할 수 있을까? 무한 루프가 발생할 것이라고 예상할 수 있다. 확실히 재귀 함수를 잘못 정의하면 무한 루프가 발생할 수 있다. 따라서 다음의 함수를 반드시 언급해야 한다.

```python
def f():
    return f()
```

이 함수는 가장 간단한 재귀 함수다. 이 함수를 호출하면 어떻게 될까? 확신이 생기지 않는다면 한번 실행해보자. 1장에서 다음과 같은 재귀 코드의 예를 살펴봤다.

자바

```java
void f(int i) {
    if (i > 99) {
        return;
    }
    else {
        System.out.println( i)
        return f(i+1)
    }
}
```

위의 코드에서 상태는 변경되지 않았다.

이제는 좀 더 실질적인 내용을 알아보자.

연결 리스트의 예

일반적이고 변경 가능한 방식으로 작성된 일부 코드를 살펴본 다음 함수적 접근 방식을 사용해 모든 코드를 변경 불가능하게 만드는 방법을 알아보자. 다음의 코드는 연결 리스트^{linked list}를 정의한 다음 리스트에 node를 추가한다. 먼저 명령형 접근 방식을 살펴보겠다. 스칼라에서 변경 가능한 변수를 나타내는 var 키워드를 사용하는 방식에 주목하자.

스칼라

```scala
case class Node[A](data: A, var next: Option[Node[A]])

def nodeAppend[A](node: Node[A], toAppend: Node[A]): Node[A] = {
  if (node.next == None) {
    node.next = Some(toAppend)
  } else {
    var current = node
    while (current.next != None) {
      current = current.next.getOrElse(current)
    }
    current.next = Some(toAppend)
  }
  node
}
```

next 변수는 var로 정의돼 있기 때문에 가변 변수에 해당하고 nodeAppend 메서드는 현재 변수도 var로 정의돼 있어 계속 업데이트한다. 이 코드를 var 대신 val로 바꾸고 싶을 것이다. 이렇게 하면 임의의 변수를 변경할 수 없게 보장하기 때문이다. 이를 위해 fold라는 새로운 고차 함수를 도입할 것이다. fold는 초깃값을 취한 다음 두 값을 결합하는 방법을 알려주는 함수다. 다음 코드는 리스트의 숫자를 더하는 간단한 예다.

스칼라

```scala
val lst = List(1,2,3,4,5)

lst.fold(0)((m,n) => m + n) //15로 평가된다.
```

fold는 커링^{currying}을 사용한다.[1] fold는 2가지를 결합하는 방법을 알고 있을 경우 이러한 것들을 결합하려고 할 때 사용한다. copy 및 재귀와 함께 fold를 사용해 앞서 작성한 연결 리스트 예를 불변으로 만드는 방법을 살펴보자.

```scala
case class Node[A](data: A, next: Option[Node[A]])

def nodeAppend[A](node: Node[A], toAppend: Node[A]): Node[A] =
  node.next.fold(node.copy(next = Some(toAppend)))(
    nxt => node.copy(next = Some(nodeAppend(nxt, toAppend))))
```

위의 코드를 처음 봤을 때에는 혼란스러울 수 있다. 하지만 익숙해지면 코드가 더욱 짧고 간결하며 어떠한 상태도 변경되지 않는다는 것을 파악할 수 있을 것이다. 이는 fold와 재귀의 일반적인 사용법이다. 이제 몇 가지 예를 더 살펴보자. 자바 8에서 stream 구문^{construct}에는 reduce라는 함수가 있다. 이 함수는 다른 프로그래밍 언어의 reduce와 유사하며 기본적으로 fold와 같다. 다음은 reduce를 사용해 숫자를 더하는 간단한 예다.

자바

```java
List<Integer> integers = Arrays.asList(1, 2, 3, 4, 5);
Integer sum = integers.stream()
  .reduce(0, (a, b) -> a + b);
```

---

1. 커링의 정의는 부록에 나와 있다.

sum 변수는 모든 숫자의 합에 해당하는 15가 된다. 컬렉션을 반복하고 상태를 변경하는 대신 리듀싱^{reducing} 및 폴딩^{folding} 측면에서 생각하기 시작하면 코드의 추상화 수준이 올라간 것을 알 수 있다. 이제 우리가 알아보는 코드는 기계의 언어보다 사람의 언어와 비슷하다. 몇 가지 예를 더 살펴보자. 다음 코드와 같은 add 함수를 갖고 있다고 가정해보자.

자바

```java
public static int add(int a, int b) {
  return a + b;
}
```

Utils라는 클래스에서 다음의 작업을 할 수 있다.

```java
List<Integer> integers = Arrays.asList(1, 2, 3, 4, 5);
Integer sum = integers.stream()
  .reduce(0, Utils::add);
```

java.util.stream 패키지에는 Collectors라는 클래스가 있다. 이 클래스에는 summingInt라는 메서드가 있다. 이 메서드를 사용해 다음의 작업을 할 수 있다.

자바

```java
List<Integer> integers = Arrays.asList(1, 2, 3, 4, 5);
Integer sum = integers.stream()
  .collect(Collectors.summingInt(Integer::intValue));
```

자바 8에는 코드의 추상화 수준을 높이는 다양한 표현 구문이 있다. 하지만 이 구문은 숫자에 적합하다. Long에 대해 동일한 작업을 수행하는 summingLong 이라는 함수도 있다. 하지만 객체와 관련해서는 어떠한 것이 있을까?

다음 코드를 살펴보자.

자바

```java
public class Item {

    private int id;
    private Integer price;

    public Item(int id, Integer price) {
        this.id = id;
        this.price = price;
    }

    // 표준 getters 및 setters
}
```

몇 가지 Item 객체를 만들어보자.

```java
List<Integer> integers = Arrays.asList(1, 2, 3, 4, 5);
Integer sum = integers.stream()
    .collect(Collectors.summingInt(Integer::intValue));

public class Item {

    private int id;
    private Integer price;

    public Item(int id, Integer price) {
        this.id = id;
        this.price = price;
    }

    // 표준 게터와 세터
}
```

```
Item item1 = new Item(1, 10);
Item item2 = new Item(2, 15);
Item item3 = new Item(3, 25);
Item item4 = new Item(4, 40);
```

그런 다음 이전의 add 함수를 사용해 다음을 수행할 수 있다.

```
Integer sum = items.stream()
  .map(x -> x.getPrice())
  .reduce(0, Utils::add);
```

Utils::add 함수에 의존하지 않는 더 나은 접근 방식으로 (a, b) -> a + b와 같은 람다식을 사용하는 접근 방식이 있다.

```
Integer sum = items.stream()
  .map(item -> item.getPrice())
  .reduce(0, (a, b) -> a + b);
```

이는 우아하고 간결하며 읽기 쉽고 임의의 상태를 변경하지 않는다.

간단한 정규 표현식과 결합하면 무수히 많은 표현식은 만들어낼 수 있다. 다음의 문자열 예를 살펴보자. 공백으로 구분된 일련의 단어가 있고 각 단어에는 숫자가 포함돼 있다고 가정해보자. 이 숫자를 함께 더하고 싶다. filter 함수는 여기서 정규식으로 정한 특정 술어^{predicator}를 충족하는 문자열을 필터링한다. 이 함수를 활용해서 다음과 같이 수행할 수 있다.

```
String string = "Item1 10 Item2 25 Item3 30 Item4 45";

Integer sum = Arrays.stream(string.split(" "))
```

```
.filter((s) -> s.matches("\\d+"))
.mapToInt(Integer::valueOf)
.sum();
```

몇 줄 안 되는 코드에서 얼마나 많은 작업을 해낼 수 있는지 주목하자. 또한 다수의 예를 통해 함수형 프로그래밍에서 스트림^{stream}의 역할을 확인할 수 있다.

스트림을 통해 이동할 때 불변 데이터를 변환하는 것은 함수형 프로그래밍을 특별하게 만드는 방법 중 하나다.

이러한 스트림이 자바 8 또는 스칼라에서 볼 수 있는 명시적 스트림이든, 연결 리스트나 배열과 같은 단순한 데이터 컬렉션이든 상관없이 아이디어는 동일하다. 바로 불변 데이터의 파이프라인을 만들고 각 단계에서 해당 데이터를 변환하는 것이다. 잠시 후 이러한 방식이 데이터 처리를 살펴보는 것이 쉽고 재미있으며 데이터를 순환하고 변수를 변경시키는 접근 방식보다 오류 발생 가능성이 훨씬 낮다는 것을 알게 될 것이다.

고차 함수를 사용하면 컬렉션을 반복하고 상태를 변경하는 것보다 값 컬렉션(value collection)을 간단하고 확실하게 처리할 수 있다.

재귀 함수와 고차 함수를 결합해 데이터 파이프라인을 만드는 방법에 대한 예를 몇 가지 더 살펴보자. 양의 정수 리스트를 전달받고 각 정수 n에 대해 문자 a의 행을 n의 제곱 번 출력하는 함수가 필요하다고 가정해보자. 조금 인위적인 것처럼 보일 수 있지만 그래픽 프로그램의 서브루틴^{subroutine}일 수도 있다. 파이썬에서 다음과 같이 할 수 있다.

파이썬

```python
def print_row_of_as(ints):
  for k in map(lambda n: n*n, ints):
    print('a' * k)
```

예를 들어 자바 또는 스칼라에서 map은 고차 함수다. 파이썬에서는 실제로는 클래스지만 고차 함수처럼 작동한다. 사실 함수를 실제로 사용하는 환경에서 함수형 프로그래밍의 원칙은 객체와 함수의 구분이 허물어지기 시작했다. 파이썬에서는 map이나 filter를 함수나 객체로 생각할 수 있다. 나는 가능하면 사물을 함수로 생각하는 경향이 있다.

대부분의 현대 프로그래밍 언어에서 함수는 객체에 해당한다. 반대로 객체를 함수로 보려면 좀 더 많은 작업이 필요하다.

다음은 파이썬에서 이를 달성할 수 있는 한 가지 방법이다. Square 클래스를 만들고 싶다고 가정해보자(도형이 아닌 x의 제곱이다). 내장 함수 __call__을 사용해 다음과 같은 코드를 작성할 수 있다. 그리고 앞으로 코드에서 핵심적인 부분을 제외한 나머지 부분은 생략할 것이다.

```python
class Square:
  def __call__(self,n):
    return n * n
```

그러면 다음과 같이 할 수 있다.

```python
f = Square()
print(f(3))
```

112

이 코드는 9를 출력할 것이다. 그럼 이제 Square는 무엇일까? 클래스일까, 아니면 함수일까? 기술적으로 문법 수준에서는 클래스에 해당한다. 좀 더 일반적으로 말하면 함수다. 클래스를 함수로 바꾸는 것은 굉장히 간단했다.

스칼라에는 apply 함수가 있다. 고차원적인 관점에서 함수를 객체로, 객체를 함수로 생각할 수 있다.

이제 재귀 함수와 고차 함수가 함께 작동하는 방식에 대한 예로 돌아가자. 파이썬의 예에 초점을 맞춰보자. 파이썬에 fold 함수는 없지만 reduce 함수는 있다. 이 함수는 functools 패키지에서 불러올 수 있다. 여러 숫자를 더하는 간단한 예를 다음과 같이 작성할 수 있다.

```
from functools import reduce
reduce(lambda m,n: m+n, [1,2,3,4,5])
```

이 코드는 15를 반환한다. 문자열로도 동일한 작업을 할 수 있다. 문자열의 경우 추가하는 것은 연결^{concatenation}에 해당한다. 다음의 코드를 살펴보자.

```
from functools import reduce
reduce(Lambda s,t: s+t, ["a","b","c","d"])
```

몇 가지 파이썬 예를 통해 다른 재귀의 기본 사용법을 알아보자. 먼저 리스트의 길이를 재귀적으로 계산해보자. 이를 위해 새 리스트의 첫 번째 원소를 제외한 모든 요소를 반환하는 리스트의 tail 함수를 사용하고 싶지만 아쉽게도 파이썬에서는 이러한 함수를 제공하지 않는다. 걱정하지 말자, 파이썬 3에서는 다음과 같은 (우아한) 작업을 할 수 있다.

```
def tail(lst):
    _, *tail = lst
    return tail
```

_는 head로 지정될 수 있지만 지금 함수에서 필요하지 않다. 따라서 _는 lst의 첫 번째 요소를 익명으로 갖고 있다. *는 tail이 lst의 나머지 부분을 가져오게 한다. 이제 length 함수를 완성할 수 있다.

```
def length(lst):
    if lst == []:
        return 0
    else:
        return 1 + length(tail(lst))
```

정수 리스트의 sum에 동일한 아이디어를 활용할 것이다.

```
def sum(lst):
    if lst == []:
        return 0
    else:
        return lst[0] + sum(tail(lst))
```

tail과 관련된 좀 더 파이썬스러운 정의는 다음과 같다.

```
def tail(lst):
    return [1:len(lst)]
```

지금까지 살펴본 것처럼 재귀는 상태 변경을 피하기 위한 유용한 방법이다. 재귀는 계속해서 스택에 값을 밀어 넣은[push] 다음 필요할 때 값을 꺼내는 것[pop]을 알고 있을 것이다. 스택에 지나치게 많은 값을 넣으면 스택 오버플로로^{stack overflow} 오류가 발생할 가능성이 있다. 재귀는 스택에 따라 다르지만 재귀를 정의할 때 별도로 스택을 언급하지 않는다. 실제로 스택에 값을 푸시하는 데 의존하지 않는 재귀 함수를 갖는 것이 대부분의 경우에 가능하다. 이러한 경우 컴파일러는 재귀 함수를 반복하게 다시 만들 수 있다. 이런 일이 발생하면 이를 꼬리 재귀^{tail recursive} 함수라고 한다.

꼬리 재귀

꼬리 재귀 함수는 함수 본문의 마지막 줄에서 함수 자신을 호출하는 재귀 함수다.

간단한 예를 살펴보자.

스칼라

```
def printToZero(n: Int): Int = {
  if (n < 0)
    return 0
  println(n)
  printToZero((n-1))
}
```

이 함수는 n에서 시작해 n보다 작은 모든 숫자를 0까지 인쇄한다. 함수 본문에서 마지막으로 호출되는 것은 함수 자신인 꼬리 재귀 함수다. 여기에 또 다른 예가 있다. 이 예에서는 양의 정수 2개의 최대 공약수를 계산한다.

스칼라

```
def gcd(a: Int, b: Int): Int =
```

```
if (b == 0) a else gcd(b, a % b)
```

꼬리 재귀 함수는 성능적인 측면과 관련해서 일반 재귀 함수와 어떻게 다를까? 꼬리 재귀 함수는 자신을 호출하기 때문에 이를 구현하려면 스택이 반드시 필요하다고 생각할 수 있다. 일반적인 재귀 함수는 인수를 스택에 넣어야 하지만 꼬리 재귀 함수는 컴파일러나 전처리기에 의해 간단한 for 루프를 사용하는 방식으로 다시 작성할 수 있다. 따라서 스택 오버플로 예외가 발생할 가능성이 없다.

몇 가지 예를 더 살펴보자. factorial의 꼬리 재귀 버전은 어떻게 구성돼 있을까? 먼저 재귀 factorial의 간단한 버전을 살펴보자.

스칼라

```
def factorial(n: Int): Int = {
  if (n == 0)
    1
  else
    n * factorial(n-1)
}
```

이 꼬리[tail]을 어떻게 재귀적으로 만들 수 있을까? 다음과 같은 방법이 하나 있다.

```
def factorial(n: Int): Int = {
  def fact(k: Int, result: Int): Int = {
    if (k == 0)
      return result
    else
      return fact(k-1, k * result)
  }
  fact(n, 1)
```

```
  }
```

이 경우 factorial은 본문 내에서 함수를 정의하고 이 내부 함수는 꼬리 재귀적이다. factorial 함수는 자신을 전혀 호출하지 않기 때문에 기술적으로 꼬리 재귀적이지는 않지만 스택 구현이 함수 본문에서 for 반복문으로 대체되기 때문에 좋다.

몇 가지 예를 더 살펴보자. 다음은 fibonacci의 꼬리 재귀 버전이다. 먼저 꼬리가 없는 일반적인 재귀 버전을 살펴보자.

자바

```java
int fibonacci(int n) {
  if (n == 0) {
    return 0
  } else if (n == 1) {
    return 1
  }
  return fibonacci(n-2) + fibonacci(n-1)
}
```

이러한 종류의 재귀는 계산하는 모양이 이진트리에 해당하기 때문에 트리 재귀_{tree-recursion}라고 한다. 잘 알려진 것처럼 이 트리 재귀의 성능은 굉장히 떨어진다. 이러한 이유를 파악하기 어렵지 않은데, 똑같은 계산이 계속해서 반복되기 때문이다. 한 가지 해결 방법은 이 함수의 꼬리 재귀 버전을 작성하는 것이다. 다음은 이를 구현한 자바 코드다.

자바

```java
int fib(int n, int a, int b )
{
```

```
    if (n == 0)
        return a;
    if (n == 1)
        return b;
    return fib(n - 1, b, a + b);
}

int fibonacci(int n) {
    return fib(n, 0, 1)
}
```

이러한 꼬리 재귀는 a와 b의 기본값으로 인해 특히 파이썬에서 우아하다.

파이썬

```
def fib(n, a = 0, b = 1):
    if n == 0:
        return a
    if n == 1:
        return b
    return fib(n - 1, b, a + b)
```

자바스크립트에서도 다음과 같이 우아하게 코드를 만들 수 있다.

자바스크립트

```
function fib(n, a = 0, b = 1)
{
    if (n == 0){
        return a;
    }
    if (n == 1){
        return b;
    }
}
```

```
    return fib(n - 1, b, a + b);
  }
```

이제 꼬리 재귀 방식으로 array의 요소를 더해보자.

파이썬

```python
def arrSum(array, size, sum = 0):
  if size == 0:
    return sum

  return arrSum(array, size - 1, sum + array[size - 1])
```

자바

```java
int arraySumHelper(int []array, int size, int sum)
{
  if (size == 0)
    return sum;

  return arraySumHelper(array, size - 1, sum + array[size - 1]);
}

int arraySum(int[] array) {
  return arraySumHelper(array, array.length, 0);
}
```

자바스크립트

```javascript
function arrSum(array, size, sum = 0)
{
  if (size == 0)
    return sum;
```

```
    return arrSum(array, size - 1, sum + array[size - 1]);
}
```

스칼라에서 @tailrec 어노테이션을 함수 위에 배치하면 꼬리 재귀의 구현을 확인할 수 있다. 주석을 함수 위에 배치하지 않을 경우에는 컴파일러에서 오류가 발생한다.

꼬리 재귀를 활용하고자 함수를 재작성하는 과정을 꼬리 호출 최적화[TCO, Tail Call Optimization]라고 한다.

자바는 컴파일러 수준에서 TCO를 직접 지원하지 않는다.

스칼라 fold의 강력한 기능과 관련된 예

먼저 몇 가지 간단한 예를 다루면서 시작할 것이다. 2개의 숫자를 전달받아 더 큰 숫자를 반환하는 max 함수가 있다고 가정해보자. 이 함수를 숫자 리스트에 적용하고자 한다. max와 fold 함수를 사용해 실행할 수 있는 방법을 알아보자.

스칼라

```
val lst = List(1,2,3,4,5)
val m = lst.fold(1)(_ max _)
```

한 줄의 코드로 for 루프 없이 숫자 리스트의 최댓값을 구할 수 있다. 이는 간결한 동시에 읽기도 쉽다.

단어 리스트가 있고 가장 길이가 긴 단어를 찾는다고 가정해보자.

```
def getLongestWord(words: List[String]): String =
  words.reduce((a,b) => if (a.length > b.length) a else b)
```

정수 리스트를 사용하는 간단한 product 함수의 경우는 어떨까?

```
def product(lst: List[Int]): Int = lst.fold(1)(_ * _)
```

fold를 사용해 List의 길이를 구해보자. 이 함수의 이름을 count로 지정하고 이 함수에서 List[Any]를 사용할 것이다.

스칼라

```
def count(list: List[Any]): Int =
  list.foldLeft(0)((sum,_) => sum + 1)
```

좀 더 복잡한 예를 살펴보자. 각각이 어떠한 기능을 하는지 알아보자. 함수의 이름을 f1, f2 등으로 정해 함수의 기능을 공개하지 않게 했다.

```
def f1(list: List[Double]): Double =
  list.foldLeft(0.0)(_+_) / list.foldLeft(0.0)((r,c) => r+1)

def f2[A](list: List[A]): A =
  list.foldLeft[A](list.head)((_, c) => c)
```

```
def f3[A](list: List[A]): A =
  list.foldLeft( (list.head, list.tail.head) )((r, c) => (r._2, c) )._1

def f4[A](list: List[A]): List[A] =
  list.foldLeft(List[A]())((r,c) => c :: r)

def f5[A](list: List[A]): List[A] =
  list.foldLeft(List[A]()) { (r,c) =>
    if (r.contains(c)) r else c :: r
  }
```

fold와 Monoid 사이의 연관성

3장에서 모노이드를 배웠고 모노이드와 fold 함수 사이에 밀접한 관련이 있는 것을 밝혀냈다. 이는 고차 함수와 데이터 구조가 결합되면 코드에서 추상화를 높여 결론적으로 단순화하는 수단을 제공한다.

고차 함수와 함수 데이터 구조는 종종 함께 사용해 코드를 간단하게 하는 추상화를 이뤄낼 수 있다.

모노이드의 정의를 다시 떠올리면서 시작하자.

3장에서 언급했듯이 반군semigroup은 결합 연산이 있는 집합이다. 반군이 다음과 같은 특성을 갖는 반군에서 원소 e를 의미하는 항등원을 갖는 경우에 해당하면 집합 내에서 원소 e가 다음과 같은 성질을 갖는다.

$$e * x = x * e = x$$

반군의 모든 원소 x에 대해 다음이 성립하면 이 반군을 모노이드라고 한다.

스칼라에서 Monoid 트레잇을 구현하는 것부터 시작하자. 이는 학습 목적을 달성하기 위한 기본 뼈대^{barebone} 구현에 해당된다. 그런 다음 fold 함수와의 연관성을 알아본다.

```scala
trait Monoid[A] {
  def combine(x: A, y: A): A
  def empty: A
}
```

combine은 이항 연산을 나타내며 empty는 0, 빈 문자열, false 또는 true(combine 함수가 수행하는 작업에 따라 다르다)를 나타낸다. 일반적으로 다른 객체와 결합될 때 동일한 객체를 반환하는 객체를 나타낸다. 몇 가지 사례를 살펴보자.

```scala
class IntMonoid extends Monoid[Int] {
  def combine(m: Int, n: Int): Int = m + n
  def empty: Int = 0
}
```

자, 이것이 fold와 무슨 관련이 있을까? 이 트레잇은 fold에 필요한 것을 정확하게 제공하는 것을 확인할 수 있다. 두 객체를 결합해 세 번째 객체와 시작 객체를 얻는 방법이 필요하다. 이 객체는 기본적으로 다른 객체와 결합될 때 아무런 효과가 없다. 필요하다면 Monoid Foldable이라고 이름을 붙일 수 있었을 것이다. IntMonoid 클래스를 사용해 정수 리스트에 fold를 적용해보자.

```scala
val monoid = new IntMonoid
val lst = (1 to 1000).toList
lst.fold(monoid.empty)(monoid.combine)
```

여기서 모노이드가 fold 문제의 핵심에 있는 것을 볼 수 있다. 또한 정수를 추가하는 대신 문자열을 연결하려는 경우 변경해야 할 사항이 거의 없는 것에 주목하자. 다음 코드와 같이 작업을 할 수 있다.

```scala
class StringMonoid extends Monoid[String] {
  def combine(s: String, t: String): String = s + t
  def empty: String = ""
}

val lst = List("a","b","c","d")
val monoid = new StringMonoid
lst.fold(monoid.empty)(monoid.combine)
```

그리고 이제 다수의 불리언을 함께 사용해보자.

```scala
class AndMonoid extends Monoid[Boolean] {
  def combine(x: Boolean, y: Boolean): Boolean = x && y
  def empty: Boolean = true
}

val lst = List(false, true, true, true)
val monoid = new AndMonoid
lst.fold(monoid.empty)(monoid.combine) // false를 반환
```

비슷하게 Or로 다음과 같이 작업할 수 있다.

```scala
class OrMonoid extends Monoid[Boolean] {
  def combine(x: Boolean, y: Boolean): Boolean = x || y
  def empty: Boolean = false
}

val lst = List(false, true, true, true)
val monoid = new AndMonoid
```

```
lst.fold(monoid.empty)(monoid.combine) // true를 반환
```

다음과 같은 몇 가지 예가 더 있다. 다양한 계산 패턴이 Monoid 개념의 인스턴스가 될 수 있다는 점에 주목하자.

```
class ProductMonoid extends Monoid[Double]{
    def combine(x: Double, y: Double): Double = x * y
    def empty: Double = 1.0
}

val lst = List(1.0, 2.0, 3.0, 4.0)
monoid = new ProductMonoid[Double]
lst.fold(monoid.empty)(monoid.combine) //24.0을 반환
```

다음과 같은 방법으로 factorial을 계산할 수 있다.

```
class IntProductMonoid extends Monoid[Int] {
    def combine(x: Int, y: Int): Int = x * y
    def empty: Int = 1
}

monoid = new ProductMonoid

def factorial(n: Int): Int =
    (1 to n).toList.fold(monoid.empty)(monoid.combine)
```

또는 1에서 _n_까지 숫자를 더하는 factorial의 _sum_ 버전이 있는데, 이러한 숫자를 _n_번째 삼각수^{triangular number}라고 한다. 삼각수는 순서대로 1, 3, 6, 10, 15 등의 값으로 시작한다.

```
class IntTriangularMonoid extends Monoid[Int] {
  def combine(x: Int, y: Int): Int = x + y
  def empty: Int = 0
}

monoid = new IntTriangularMonoid

def nthTriangularNumber(n: Int) =
    (1 to n).toList.fold(monoid.empty)(monoid.combine)
```

combine 함수는 결합 법칙을 만족해야 한다는 사실을 기억해두자. 즉, 모든 x, y, z에 대해 다음의 특징을 가져야 한다.

```
combine(combine(x,y), z) == combine(x, combine(y,z))
```

또한 이러한 모든 예에는 monoid.empty와 monoid.combine이 포함돼 있다. 주어진 모노이드 m에 대해 다음 일반 함수를 정의할 수 있다.

```
def f[A](lst: List[A]): A = lst.fold(m.empty)(m.combine)
```

이 일반 함수는 이전의 모든 예를 표현하기에 충분히 일반적인 것을 알 수 있다. 이러한 모든 예가 다양한 모노이드에 의해 파라미터화되는 동일한 함수라고 말할 수 있다.

고차 함수에 대한 추가 정보

fold는 고차 함수며, 고차 함수는 함수를 파라미터로 사용하는 함수다. 일반적인 패턴은 List 또는 다른 컬렉션 객체가 있으며, 컬렉션에서 고차 함수 f를 호출하고 컬렉션의 요소에 대해 특정한 작업을 수행하는 함수를 전달한다. 모든 고차 함수 중 가장 간단한 map의 몇 가지 예를 살펴보자. map은 일반적으로 List 또는 Option과 같은 컨테이너에서 호출된다. 사실 모든 모나드에서 호출할 수 있다. 3장에서 설명했듯이 모든 모나드는 펑터이고 펑터에는 항상 map 함수가 있다.

map 함수가 없다면 컬렉션의 요소를 수정하려고 할 때마다 컬렉션을 반복하고, 해당 작업을 하는 동안 상태를 변경시켜야 한다. 이제 몇 가지 예를 살펴보자.

처음 n개의 양의 정수를 가져와 각각의 정수를 제곱한 다음 모두 더한다고 가정해보자. 다음은 이를 수행하는 스칼라 함수다.

스칼라

```scala
def sumOfSquares(n: Int) = (1 to n).toList.map(m => m*m).sum
```

위의 코드에서 추상화 수준은 명령형 버전보다 높으며 개념에 익숙해지면 좀 더 읽기 쉬워질 것이다. 프로그램을 통해 공통 패턴을 강조하고 싶다면 sum 대신 fold를 사용할 수 있다. 그러면 다음과 같이 표시할 수 있다.

```scala
def sumOfSquares(n: Int) = (1 to n).toList.map(m => m*m).fold(0)(_ + _)
```

위 코드는 가독성과 간결함을 모두 극대화하는 것이 목표다. 이전에 프로그램에서 공통 구조를 강조하고자 fold 함수를 사용할 수 있다고 언급했다. 여기서 아이디어는 프로그램에서 fold의 모든 인스턴스가 공통 구조의 인스턴스라는 점이다. 이전 map의 예에서는 또 다른 공통 구조를 갖고 있었다. 이 예들은 map의 예이기 때문에 펑터가 감춰져 있다. 여러분이 이러한 작업을 자주 수행하면 sumOfSquares와 같은 함수를 보고 바로 펑터와 모노이드를 떠올릴 수 있을 것이다. 먼저 Functor에 대한 트레잇trait을 작성한 다음 sumOfSquares를 구현해보자.

```
trait Functor[F[_]] {
    def map[A, B](fa: F[A])(f: A => B): F[B]
}
```

여기서 F는 펑터다. map 함수는 F[A]의 요소, 함수 f: A => B를 취하고 F[B]의 요소를 반환한다. F를 List, Option 또는 다른 Functor로 생각해보자(모나드 또한 펑터이기 때문에 가능하다).

이제 listFunctor를 만들어보자.

```
val listFunctor: Functor[List] = new Functor[List] {
    def map[A, B](ls: List[A])(f: A => B) = ls.map(x => f(x))
}

def sumOfSquares(n: Int): Int =
    listFunctor.map((1 to n).toList)(m => m*m).fold(0)(_ + _)
```

sumOfSquares는 Functor와 fold를 조합해 사용하는 것을 알 수 있다. 교육적인 목적을 제외하면 제곱한 값을 sum하고 싶지 않을 수도 있기 때문에 다른 코드 예를 생각해보자. 양의 정수가 소수인지 식별하는 것은 어떨까? 소수는 약수가 정확히 2개인 양의 정수라는 것을 기억하고 있을 것이다.[2] 이것을 함수적으로 어떻게 표현할 수 있을까?

```
private def isPrime(n: Int): Boolean =
    (2 to (n - 1)).forall(n % _ != 0)
```

---

2. 일반적인 정의에 따르면 소수는 1을 제외한 약수가 최대 2개인 양의 정수다. 1은 실제로 소수가 아니다. 모든 양의 정수는 고유한 방식으로 약수의 순서까지 소수 거듭제곱의 곱으로 쓸 수 있다. 1이 소수라면 $1 = 1 \times 1$, $1 = 1 \times 1 \times 1$ 등이 된다. 따라서 1은 실제로 소수가 아니다.

여기서 forall은 인수로 취하는 술어가 (2 to (n - 1))의 모든 숫자에 대해 true 임을 보장하는 고차 함수다. 이은 2와 n - 1 사이의 모든 숫자가 0 mod n이 아니라는 것을 효과적으로 표현한다. 즉, 모든 숫자는 n을 나누는 데 실패한다. 이 함수는 작동하지만 수학적으로 바람직하지 않다. 여러분은 이러한 문제점을 찾아낼 수 있는가? 힌트는 (2 to (n - 1))과 관련돼 있다. 다음과 같이 개선된 버전은 문제를 더욱 명확하게 만들어준다.

```
def isPrime(n: Int): Boolean =
    (2 to math.sqrt(n).toInt).forall(n % _ != 0)
```

이 버전이 더 괜찮으며 알고리듬으로서 첫 번째 버전이 그렇게 뛰어나지 않은 이유는 숫자보다 하나 작은 모든 정수를 검사하기 때문이다. 하지만 다음과 같이 n을 k로 나누면 k 또는 n/k는 sqrt(n)보다 작거나 같다는 사실을 고려하자. 둘 다 sqrt(n)보다 큰 경우 곱은 n보다 크다. 그러나 이들의 곱은 n이다. 따라서 k 또는 n/k는 sqrt(n)보다 작거나 같다. 따라서 정수가 소수인지 확인할 때 숫자의 제곱근까지만 확인하면 된다.

이 내용은 수학적인 관찰에 해당한다. 숫자가 소수인지 확인할 때 해당 숫자의 제곱근까지의 약수만 확인하면 된다.

정수가 소수인지 알려주는 함수적 스타일의 함수의 예로 isPrime 함수는 아름다운 예제에 해당한다. 변형^{mutation}이 없고 고차 함수인 forall을 사용하면 모든 것이 간단해졌다.

map에서 flatMap으로

지금까지 펑터가 항상 map 함수를 갖고 있는 반면 모나드는 항상 map과 flatMap 함수를 갖고 있다는 것을 살펴봤다. 이제 몇 가지 flatMap 예를 더 살펴보자. 먼저 User 클래스가 있으며 주어진 id에 해당하는 User를 반환하는 getUser 함수가 있다고 가정해보자.

```scala
case class User(id: Int, firstName: String)

def getUser(Id: Int): User = ???
```

스칼라에서는 ???를 사용할 경우 "아직 끝내지 않았지만 여전히 컴파일 중이다."라고 컴파일러에게 알려주는 방식이다. 이는 코드를 작성할 때 유용하다. id가 User에 해당하지 않을 경우 getUser가 null을 반환한다고 가정하자.

그리고 id가 1과 10 사이에 해당하는 사용자를 가져온 다음 해당 사용자의 이름을 불러오고 싶다고 가정해보자. 그러면 다음과 같이 할 수 있다.

스칼라

```scala
(1 to 10).toList.map(id => getUser(id))
```

이렇게 하면 각각 User 또는 null인 요소를 갖는 리스트가 생성된다. 먼저 null을 개선해보자. 물론 위의 코드에서 Option을 사용할 수 있으며, Option을 사용해야 한다. 그러면 NullPointerException이 발생할 가능성이 없으며 컴파일러는 모든 것이 정상인지 확인한다. 이제는 코드는 다음과 같다.

```scala
case class User(id: Int, firstName: String)

def getUser(id: Int): Option[User]
```

130

이 코드를 평가할 때는 다음처럼 하면 된다.

```
(1 to 3).map(id => getUser(id))
```

다음과 같은 결과를 얻을 것이다.

```
List(Some(User(1, "Carl")), None, Some(User(3, "Mary")))
```

그러나 여기서 Some과 None이 필요하지는 않다. id에 해당하는 사용자의 이름만 있으면 된다. 바로 다음과 같은 기능을 제공하는 함수가 있다.

```
(1 to 3).flatMap(id => getUser(id))
```

그러면 다음과 같은 결과가 나온다.

```
List(User(1,"Carl"), User(3, "Mary"))
```

완벽하다. flatMap이 하는 일은 먼저 매핑한 다음 평면화^{flattening}하는 것이다. 평면화는 객체를 포함하는 함수에서 객체를 제거하고 실패 케이스^{failure case}를 버리는 것을 의미한다. Option의 경우 실패 케이스는 None에 해당된다. flatMap의 더 큰 그림을 보고자 서명을 살펴보자. 서명은 일반적으로 모나드 내에서 정의된다. map과 flatMap을 구현하는 트레잇이나 인터페이스로 모나드를 대략적으로 정의할 수 있다는 것을 기억하자.

```
trait Monad[M[_]] {
  def flatMap[A,B](ma: M[A])(f: A => M[B]): M[B]
}
```

모나드는 객체에 콘텍스트를 제공한다는 점을 기억하자. 이는 map과 flatMap 함수가 있는 객체 주변의 컨테이너로 생각할 수 있다. 앞서 다룬 flatMap 서명의 함수 f는 콘텍스트 M 내부의 B 객체를 반환한다. 이를 매핑하면 결국 M[B] 리스트가 된다. B에 직접 접근할 수 있는데, 바로 이 부분이 flatMap이 유용한 부분이다. 몇 가지 flatMap 예를 더 살펴보자. flatMap은 매핑과 평면화를 수행하며 문자열은 문자들의 리스트이기 때문에 다음의 코드는 어떠한 작업을 할까?

```
val ls = List("Hello", "World")
ls.flatMap(s => s.toUpperCase)
```

이 코드의 결과는 List(H, E, L, L, O, W, O, R, L, D)다. 이것은 각 단어를 대문자로 매핑한 다음 합친 것이다.

몇 가지 예를 더 살펴보자. 정수 리스트가 있고 리스트를 각 정수를 2번씩 나타내는 리스트로 바꾸고 싶다고 가정하자. 따라서 List(1, 2, 3)은 List(1, 1, 2, 2, 3, 3)으로 매핑된다. 이에 대한 코드는 다음과 같다.

```
def doubleUpInts(ls: List[Int]): List[Int] =
    ls.flatMap(i => List(i, i))
```

flatMap이 필요한 이유를 알아보고자 이전 예제에서 flatMap을 map으로 바꾸면 어떻게 되는지 살펴보자. 다음을 살펴보자.

```
def doubleUpInts(ls: List[Int]) = ls.map(i => List(i, i))
```

반환 타입을 포함시키지 않은 것을 알아두자. 반환 타입으로 List[Int]를 넣으면 프로그램이 컴파일되지 않기 때문이다. 이 함수의 실제 반환 타입은 List

[List[Int]]다. flatMap은 List[Int]까지 평면화 작업을 한다.

결론

함수형 프로그래밍에서 불변성은 가장 중요한 기능 중 하나라는 것을 배웠다. 5장에서는 프로그램의 상태를 불변으로 유지시켜주는 다양한 기법을 살펴봤다. 재귀를 사용하면 루프를 사용하지 않고 변수의 상태를 변경할 수 있다. 대신 이전에 상태가 변경된 함수의 경우 다른 인수를 사용해 동일한 함수를 호출할 수 있다. 또한 인수가 충족하는 조건을 지속적으로 확인하고 적절한 순간에 반환해야 한다. 이렇게 하지 않을 경우 무한 루프가 발생할 수 있다.

기기에 충분한 용량의 램을 확보하고 있더라도 스택 오버플로에 주의해야 한다. 방대한 양의 데이터를 처리할 때 항상 스택 오버플로가 발생할 가능성이 있기 때문이다. 이러한 경우 꼬리 재귀 함수를 만들 수 있는데, 함수가 본문에서 수행하는 마지막 작업으로 함수 자신을 호출한다. 이러한 함수는 스택을 사용하는 대신 for 루프를 사용해 최적화시켜 다시 구현할 수 있다.

 큰 데이터 세트에서 재귀 함수를 사용할 때 스택 오버플로에 주의하자. 가능하면 꼬리 재귀 함수를 사용하자.

또한 고차 함수가 for 및 while 루프에서 상태 변경을 방지하는 데 도움이 되는 방법을 살펴봤다. 예제를 살펴보는 과정에서 하나의 패턴(이 경우에는 Functor와 fold 함수를 사용해 서로 다른 다수의 함수를 생성할 수 있음)을 확인했다. 주어진 모노이드 m에 대해 새로운 함수를 생성하는 하나의 함수를 작성했다. 함수는 다음과 같다.

스칼라

```
def f[A](lst: List[A]): A = lst.fold(m.empty)(m.combine)
```

이것은 사실 하나의 패턴으로, 나는 이것을 '모노이드와 폴드' 패턴이라고 부르고 싶다.

마지막으로, 고차 함수 flatMap을 자세히 살펴봤다. 이는 map과 함께 모나드를 구성하기 때문에 중요한 함수다.

여러분이 '모노이드와 폴드' 같이 더 많은 패턴을 생각해낼 것을 권장한다. 모노이드 대신 모나드로 시작한 다음 fold 이외에도 다양한 고차 함수를 만들어볼 수 있을 이다. 그러면 새로운 패턴을 발견할 수 있을 것이다.

동시성에 대한 질문

6장은 조금 미스터리한 문장인 "상태의 변화가 없으면 시간을 무시할 수 있다."로 시작하겠다.

이 문장을 상세히 풀어보자. 먼저 시간은 상태 변이 또는 이러한 문제에 대한 프로그래밍과 어떠한 연관이 있을까? 특정 순서로 실행해야 하는 일련의 프로세스가 있을 때 시간을 프로그래밍에 포함시킬 수 있다.

다음 예를 살펴보자.[1] 2개의 함수가 있다고 생각해보자. 첫 번째 함수는 x에서 $x + 1$이 되고 두 번째 함수는 x에서 $x \times x$가 된다. 여기서 x를 10으로 설정하자. 이제 위의 두 함수를 병렬로 실행한다고 생각해보자. 결과는 어떻게 될까? 가능한 정답은 모두 5개라는 사실이 놀라울 수 있을 것이다. 각각의 결과를 자세히 분석해보자. $P1 = x \rightarrow x \times x$이고 $P2 = x \rightarrow x + 1$이라고 하자.

- $P1$이 x를 100으로 설정하고 $P2$가 100을 101로 설정하면 101이 된다.

- $P2$가 x를 11로 설정하고 $P1$이 11을 121로 설정하면 121이 된다.

- $P1$이 $x \times x$ 연산을 하는 동안 x 값에 2번 접근하는 사이에 $P2$가 x 값에

---

1. 이 예는 해롤드 아벨슨(Harold Abelson), 제리 서스먼(Jerry Sussman), 줄리 서스먼(Julie Sussman)의 저서인 『Structure and Interpretation of Computer Programs』(MIT Press)(https://oreil.ly/WoaYy)에서 발췌한 것이다. 국내 번역서로는 『컴퓨터 프로그램의 구조와 해석』(인사이트, 2016)이 있다. – 옮긴이

접근해 10에서 11로 변경했다. 이번 경우 결과는 110이 된다.

- *P2*가 *x*에 접근한다. 그런 다음 *P1*이 *x*를 100으로 설정한다. 그 후 *P2*가 *x*로 설정한다. 결과는 10이다.

- *P1*은 *x*에 2번 접근한다. 그런 다음 *P2*는 *x*를 11로 설정한다. 그 후 *P1*은 *x*로 설정한다. 결과는 100이다.

진정한 정답은 숫자 101, 121, 110, 10, 100 중 무엇일까? 사실 정답은 프로그래머가 의도한 바에 달려 있다. 요점은 *P1*과 *P2*를 병렬로 실행하면 어떤 답이 반환될지 확신할 수 없다는 것이다. 컴퓨터가 두 함수를 임의의 순서로 평가하기로 결정할 수 있기 때문이다.

상태가 변경되면 프로세스가 실행되는 순서가 중요하다.

이러한 문제와 관련해 어떠한 것을 할 수 있을까? 이상적인 해결 방법은 공유되거나 변경 가능한 상태가 없는 것이다. 공유되고 변경 가능한 상태란 무엇일까? 공유^{shared}는 적어도 2개의 서로 다른 스레드가 액세스하는 중인 것을 의미하고 **변경 가능**^{mutable}은 변경할 수 있다는 것을 의미한다. 바로 이러한 부분에서 문제가 발생할 수 있다. 공유되고 변경 가능한 상태가 없다면 함수가 호출되는 순서는 중요하지 않다. 공유되고 변경 가능한 상태를 피할 수 없다면 차선책으로 캡슐화를 할 수 있다. 여기서 핵심 아이디어는 가능한 한 작은 영역에서 공유되고 변경 가능한 상태를 유지하는 것이다.

캡슐화되고 변경 가능한 공유 중인 상태에 특히 적합한 프로그래밍 모델 중 하나로 액터^{actor} 모델이 있다. 액터 모델은 나중에 다룰 것이다.

액터 모델에 대한 위키피디아^{Wikipedia} 페이지(https://oreil.ly/rYgis)에서 가져온 내용은 다음과 같다.

컴퓨터 과학에서 액터 모델은 액터(actor)를 동시(concurrent) 계산의 보편적인 기본 요소로 취급하는 동시 계산의 수학적 모델이다. 수신한 메시지에 대한 응답으로 액터는 로컬 결정을 내리고, 더 많은 액터를 생성하고, 더 많은 메시지를 보내고, 메시지를 수신한 후 다음 메시지에 응답하는 방식을 결정할 수 있다. 액터는 자신의 비공개 (private) 상태를 수정할 수 있지만 메시징을 통해 서로 간접적으로만 영향을 끼칠 수 있다(잠금 기반의 동기화는 필요하지 않다).

잠금 기반 동기화lock-based synchronization는 한 번에 하나의 스레드만 코드에 액세스하게 허용하는 경우다. 이는 공유되고 변경 가능한 상태 문제와 관련된 핵심적인 기존 접근 방식 중 하나다.

액터 모델은 동시 및 분산 시스템을 만들기 위한 높은 수준의 추상화를 제공한다. 개발자가 명시적으로 잠금 및 스레드 관리를 해결해야 하는 부담을 덜어내고 정확한 동시 및 병렬 시스템을 더욱 쉽게 만들 수 있다.

액터는 1973년 칼 휴이트Carl Hewitt의 논문에서 정의됐지만 Erlang 언어로 대중화됐으며 에릭슨Ericsson 사에서 동시 처리할 수 있고 안정적인 통신 시스템을 구축하는 데 큰 기여를 했다. Akka 액터 라이브러리는 Erlang에서 일부 구문을 차용한 스칼라/자바 라이브러리다. 액터는 어떤 면에서 객체와 비슷하지만 더 높은 수준의 추상화를 달성할 수 있는 성향이 있다. 이것이 의미하는 바는 액터가 **User** 및 **Message**와 같은 OOP 객체가 아니라 로깅logging 및 보안과 같은 교차 절단 문제cross-cutting concerns를 나타내는 경향이 있지만 후자도 나타낼 수 있다는 점이다. 액터에 대해 기억해야 할 핵심 사항은 대부분의 경우 동시성을 훨씬 쉽게 만들어준다는 것이다.

그렇다면 액터는 어떻게 작업을 해야 할까? 기본적인 아이디어는 각각의 액터가 선형의 메시지 컬렉션을 보유하는 컨테이너인 자체 메일박스를 갖는 것이다. 다른 액터가 이러한 메시지를 특정 액터에 보내고 해당 메시지는 특정 액터의 메일박스에 보관된다.

그런 다음 액터는 메시지를 한 번에 하나씩 처리한다. 또한 액터는 메시지를 반환하려는 경우 송신자에 대한 포인터를 받는다. 메시지는 변경할 수 없다. 특히 변경 가능한 메시지를 전송하면 다양한 스레드가 해당 상태에 접근할 수 있기 때문에 변화하는 상태를 관리하는 어려운 작업에 모델이 노출될 수 있다.

메시지는 불변이고 메시지는 한 번에 하나씩 처리되기 때문에 손상되거나 변경 가능하며 공유되는 상태가 될 가능성이 전혀 없다.

스칼라와 거의 유사하게 통합된 라이브러리인 Akka 라이브러리는 액터와 관련된 인프라를 제공한다. 성능과 관련해 Akka 액터는 단일 머신에서 초당 5천만 개의 메시지를 처리할 수 있다. 이를 가능하게 하는 부분은 메시지의 불변성이다. 스칼라에서는 케이스 객체를 사용해 메시지를 나타낸다.[2]

기본 아이디어는 액터를 생성한 다음 액터에게 조치를 취하라고 지시하는 메시지를 보내는 것이다. 메시지를 보내는 것은 객체에서 메서드를 호출하는 것과 조금 비슷하다. 실제로 일부 초창기 OOP 언어에서, 특히 스몰토크Smalltalk는 메서드를 호출하는 대신 메시지를 전달했다. 메서드가 훨씬 더 많이 사용되지만 객체지향 언어를 새롭게 만들 때 메서드에 대한 실현 가능한 대안이 될 수 있다.

액터를 사용하는 일반적인 접근 방식은 커뮤니케이션의 관점에서 무엇을 모델링하고 있는지 고려하고 주요 수행자(player)는 무엇이며, 이들이 서로 통신하는 방법을 결정하는 것이다. 그리고 이러한 수행자를 나타내는 액터를 만드는 것이다.

<Pong> 게임의 축소판을 구현한 코드를 살펴보자. 액터에는 형식이 있는 타입 액터typed actor와 형식이 지정되지 않은 언타입 액터untyped actor라는 2가지 유형이

---

2. 케이스 객체(case object)에 대한 자세한 내용은 부록을 참고한다.

있는데, 타입 액터가 최신 표준이다. 언타입 액터가 더 간단하고 기본 아이디어에 더 집중할 수 있기 때문에 예를 들 때 사용할 것이다. 다음 코드에서 Actor, ActorRef, ActorSystem과 같은 클래스를 볼 수 있다. 이 클래스는 나중에 설명한다.

스칼라

```scala
case object PingMessage
case object PongMessage
case object StartMessage
case object StopMessage

class Ping(pong: ActorRef) extends Actor {
  var count = 0
  def incrementAndPrint { count += 1; println("ping") }

  def receive = {
    case StartMessage =>
      incrementAndPrint
      pong ! PingMessage
    case PongMessage =>
      incrementAndPrint
      if (count > 99) {
        sender ! StopMessage
        context.stop(self)
      } else {
        sender ! PingMessage
      }
  }
}

class Pong extends Actor {
  def receive = {
    case PingMessage =>
      println(" pong")
```

```
        sender ! PongMessage
      case StopMessage =>
        context.stop(self)
  }
}

object PingPongTest extends App {
  val system = ActorSystem("PingPongSystem")
  val pong = system.actorOf(Props[Pong], name = "pong")
  val ping = system.actorOf(Props(new Ping(pong)), name = "ping")
  // 시작 관련 코드
  ping ! StartMessage
}

ping ! PongMessage
```

마지막 줄에서 ping ! PongMessage는 메시지 PongMessage를 ping 액터에 보낸다는 의미다. 이는 마치 공을 굴리는 것처럼 시작 부분이다.

앞의 Ping 클래스 정의에서 타입이 ActorRef(Actor가 아님)인 pong이라는 파라미터가 있는 것을 알 수 있다. 이는 동일한 호스트에 상주하거나 상주하지 않을 수 있는 액터에 대한 불변 핸들이다.

ActorSystem 클래스도 볼 수 있다. 이 클래스는 액터의 콘텍스트이며 새로운 액터를 생성하는 것은 ActorSystem이 담당한다.

Akka 라이브러리는 액터와 스트림이라는 2가지 기본 개념을 제공한다. 지금까지 액터를 간략히 살펴봤고 이제 스트림을 살펴보겠다. 추가로 스트림은 액터를 통해 구현된다.

스트림

이제 스트림을 살펴보자. 일반적으로 스트림은 무한한 데이터를 저장할 수 있는 순차적인 컨테이너다. 데이터 청크가 스트림을 통해 '이동'할 때 데이터 청크를 수정하고 처리할 수 있다. 스트림은 어떤 면에서 보통의 컬렉션을 일반화^{generalization}한 것으로 볼 수 있다. 함수적인 관점에서 스트림은 메모리에 객체를 가질 수 있으며, 해당 객체는 필드의 시간에 따라 변경되는 것으로 본다. 이는 상태를 변경하는 표준 명령형 또는 객체지향 패러다임에 해당한다. 함수형 프로그램에서 스트림을 사용하면 메모리 영역, 스트림으로 들어오는 객체, 스트림에서 나가는 객체가 있는 것으로 생각할 수 있다.

 상태를 변경하는 대신, 시간 개념 없이 이전 객체의 진화 단계로 이후 객체를 생각할 수 있다.

양의 정수에 분포돼 있는 변수 x의 예와 유사하다고 생각하자. 시간이 $t = 1$, $t = 2$, $t = 3$ 등으로 지날 때 x가 변하는 것으로 생각할 수 있다. 또는 x를 한 번에 모두 존재하는 함수로 생각할 수 있다. 이 경우에 변경 사항은 없다. 스트림도 동일한 방식으로 생각할 수 있다. 이는 관점의 문제다. 많은 스트리밍 라이브러리가 있으며 각각은 설계 목적이 다르다. 이와 관련해 다양한 프로그래밍 언어를 통해 몇 가지를 살펴볼 것이다.

Akka 스트림

Akka 스트림은 어떻게 작동할까? Akka 스트림은 실제로 Akka 액터로 구현된다. 먼저 Akka 스트림은 액터를 기반으로 구축되기 때문에 액터의 경우와 마찬가지로 `ActorSystem`이 필요하다.

```
implicit val system: ActorSystem = ActorSystem("StreamExample")
```

필요한 스트림 관련 클래스도 가져온다.

```
import akka.stream._
import akka.stream.scaladsl._
```

Akka에서 스트림은 Source, Flow, Sink라는 3가지 기본적인 부분으로 구성된다.

Source

스트림의 소스source는 마치 소리와 같다. 소스는 데이터가 스트림에 들어오는 위치다. Akka는 사전 빌드한 다수의 소스를 제공한다. 다음은 간단한 예다.

스칼라

```
val source = Source(1 to 1000)
```

여기서 source 변수에는 실제로 아무것도 포함돼 있지 않다는 점을 파악하는 것이 중요하다. 이는 정수를 생성하는 방법에 대한 설명일 뿐이다. 이러한 정수를 얻으려면 실행을 해야 한다. 이것은 함수적인 중요한 주제다. 이때 부수 효과가 발생할 수 있기 때문에 프로그램이 실행 중일 때 프로그램의 순수한pure 버전과 순수하지 않은impure 부분을 명확하게 구분해야 한다. 표준 출력으로 출력하거나 예외를 발생시키는 것과 같은 부수 효과는 실행 상태를 순수하지 않게 만든다. 계산을 설명하고 명시적으로 계산을 하도록 지시받은 경우에만 실행하는 패러다임은 고급 함수형 프로세스다. 이러한 프로세스는 7장에서 살펴본다.

다수의 유용한 run 함수가 있다. 다음은 run 함수의 예다.

스칼라

```
source.runForEach(i => println(i))
```

프로세스에 대한 설명으로 소스를 재사용할 수 있다.[3] 이 소스를 가져와 파일에 쓰는 예를 살펴보자.

스칼라

```
source.runWith(FileIO.toPath(Paths.get("numbers.txt")
```

Flow

Source와 Sink 사이에 Flow가 있을 수 있다. Flow는 들어오는 데이터를 가져와 이를 기반으로 새로운 데이터를 생성한다. 이는 들어오는 데이터의 상태를 변경하는 것을 대신한다. 다음 예를 살펴보자.

스칼라

```
import akka.actor.ActorSystem
import akka.stream.ActorMaterializer
import akka.stream.scaladsl.{Sink, Source}
import java.io.File

implicit val actorSystem = ActorSystem("system")
implicit val actorMaterializer = ActorMaterializer()

val source = Source(List("test1.txt", "test2.txt", "test3.txt"))
```

---

3. iteraor와는 다르다.

```
val mapper = Flow[String].map(new File(_))
val existsFilter = Flow[File].filter(_.exists())
val lengthZeroFilter = Flow[File].filter(_.length() != 0)
val sink = Sink.foreach[File](f => println(s"Absolute path:
${f.getAbsolutePath}"))
val stream = source
  .via(mapper)
  .via(existsFilter)
  .via(lengthZeroFilter)
  .to(sink)

stream.run()
```

앞서 말했듯이 Akka의 스트림은 즉시 실행되지 않으며, 처음에는 스트림 계산
에 대한 설명에 해당한다. 여기서 ActorMaterializer 클래스를 암묵적으로 가
져오는 이유는 이를 구체화하기 위해서다. sink 변수에 있는 println은 stream.
run() 줄 이전까지 실행되지 않는다. 바로 stream.run() 줄이 계산에 대한 설명
이 실제 계산으로 전환되는 시점이다.

Sink

스트림의 Sink에 대해 알아보자. source가 데이터의 출처라면 Sink는 데이터가
가는 곳이다. Sink는 정확히 하나의 입력이 있는 연산자로, 데이터 원소를 요청
하고 수락해 원소의 업스트림 생산자producer의 속도를 늦출 수 있다. 이러한 속
도 저하를 배압backpressure이라고 하며, Akka 스트림에서 무료로 제공된다. 이 기
능은 굉장히 유용한 추가 기능이다. 다음의 몇 가지 예를 살펴보자.

스칼라

```
val source = Source(1 to 10)
```

144

```
val sink = Sink.fold[Int, Int](0)(_ + _)
val sum: Future[Int] = source.runWith(sink)
```

Source와 마찬가지로 Sink는 계산에 대한 설명일 뿐이다. 실제 값은 호출될 때 구체화돼야 한다.

이번 예에서는 source의 숫자를 더한다.

따라서 스트림 계산을 생성하고자 소스를 Flow 또는 Flows 및 Sink에 결합하는 방법을 살펴봤다. Akka 스트림은 이보다 더 많은 작업을 할 수 있다. Akka 스트림에 대한 자세한 내용은 문서(https://oreil.ly/jblSQ)를 참고하면 도움이 될 것이다.

스트림 더 알아보기

이제 스트림이 구현되는 방법에 대한 몇 가지 예를 살펴봤으므로 스트림에 대해 그리고 스트림이 함수형 패러다임에 부합하는 방식에 대해 자세히 살펴보자.

 상태를 변경하는 스트림을 만드는 것도 가능하다. 이것은 순수하게 함수적인 스트림이 아니라는 것을 의미하기 때문에 조심하자.

이제 순수하게 함수적인 스트림을 중점적으로 알아볼 것이다. 이제 좀 더 일반적이고 이론적인 관점에서 살펴보자. 이는 항상 스트림이 사용되는 방식은 아니지만 특별히 함수적으로 스트림을 보는 방법 중 하나로, 굉장히 구체적인 상황에 대해 알아볼 것이다. 스트림 S와 이 스트림에서 일련의 객체 x_n(n은 양의 정수)을 갖고 있다고 하자. 따라서 다양한 시간에 스트림은 x_1, x_2, x_3 등을 포함한다. 사실 이를 더 단순화해 시간 n에서 스트림 S는 하나의 객체 x_n을 갖고 있다고 가정해보겠다. 아래 첨자는 시간을 나타내기 때문에 객체가 시간 흐름을 따라 진행하거나 이동하는 것으로 생각할 수 있다. 또한 x_n 객체가 변경된다고 생각할 수 있다. 그러나 이러한 상황에 대해 또 다른 방식으로, x_n은 더 거대한 객체 x의 측면이라고 생각할 수 있다. 따라서 x는 다양한 상태로 존재할 수 있다.

따라서 x는 다른 상태를 갖는다. 시간 n에서 x는 상태 x_n에 있다. 이렇게 보면 x는 한 번에 존재하는 불변의 객체라고 볼 수 있다.

x_n이 x_{n+1}로 바뀌는 것이 아니라 x_n과 x_{n+1} 그리고 다른 모든 x_i가 동시에 존재해 x를 형성한다. 코드 수준에서 변경 불가능한 데이터만 사용하고 다른 n 값에 대한 스트림에 새 객체 x_n을 생성한다. 이는 관점의 문제다. x라는 변하지 않는 객체가 하나 있을 경우 (x_n)으로 표시할 수 있다. x에 대해 생각할 때 x는 완전하고 변하지 않는 객체인 것을 알 수 있다. 스트림이 시간 n에 x_n을 포함하는 것으로 생각할 때 변경되는 것처럼 보이지만 이는 x를 완성된 객체로 보고 있지 않다는 사실에 근거한 착각에 해당한다.

앞서 상태를 변경하는 스트림을 가질 수 있다고 말했다. 상태가 변경되지 않게 하려면 약간의 작업을 거쳐야 하지만 이를 처리할 수 있는 좋은 여러 라이브러리가 있다. 가장 인기 있는 라이브러리는 FS2다.

FS2

여기서는 함수적인 관점에서 스트림을 살펴본다.

FS2$^{\text{Functional Streams for Scala}}$ 웹 사이트(https://oreil.ly/ykxk5)에는 다음과 같이 설명돼 있다.

FS2는 스칼라 프로그래밍 언어의 순수하게 함수적이고 효과적인 다형성(polymorphic) 스트림 처리를 위한 라이브러리다. 이 라이브러리의 설계 목표는 구성성, 표현력, 자원 안전성, 속도다. 라이브러리의 이름은 Functional Streams for Scala(FSS 또는 FS2) 의 약어다.

FS2는 스칼라용 Cats 및 Cats Effect라는 2가지 함수형 라이브러리를 기반으로 한다. 사용하려면 build.sbt 파일에 다음 설정을 포함하기만 하면 된다.

```
libraryDependencies += "co.fs2" %% "fs2-core" % "3.9.3"
libraryDependencies += "co.fs2" %% "fs2-io" % "3.9.3"
```

FS2 작동 방식에 대한 간단한 예를 살펴보자. FS2가 프로그램 단어를 설명에 사용한 후 실행하는 방식의 모델을 사용하는 것에 주목하자. Cats Effect 라이브러리에는 IO라는 클래스가 있으며, 이 클래스는 7장에서 자세히 다룬다. 지금부터 이 클래스를 Future라고 생각하자. 이 클래스는 프로세스가 작업을 완료하면 값을 보유한다. converter 변수는 실제로 아무 작업도 하지 않는다. 이는 단지 프로그램을 설명한다. 그런 다음 run 함수가 호출되면 프로그램은 실제로 해야 할 작업을 수행한다.

```
import cats.effect.{IO, IOApp}
import fs2.{Stream, text}
import fs2.io.file.{Files, Path}

object Converter extends IOApp.Simple {

  val converter: Stream[IO, Unit] = {
    def fahrenheitToCelsius(f: Double): Double =
      (f - 32.0) * (5.0/9.0)

    Files[IO].readAll(Path("testdata/fahrenheit.txt"))
      .through(text.utf8.decode)
```

```
        .through(text.lines)
        .filter(s => !s.trim.isEmpty && !s.startsWith("//"))
        .map(line => fahrenheitToCelsius(line.toDouble).toString)
        .intersperse("\n")
        .through(text.utf8.encode)
        .through(Files[IO].writeAll(Path("testdata/celsius.txt")))
    }

    def run: IO[Unit] =
        converter.compile.drain
}
```

convert 객체는 Stream이고 converter.compile은 스트림을 실행한다. drain은 효과적으로 스트림이 실행될 때까지 기다린다. 이는 기본적으로 완료될 때까지 차단한다. 여기에서 호출되는 각 라인은 몇 가지 작업을 수행한 다음 새로운 텍스트 조각을 만들어 텍스트를 수정한다. 이 코드는 완전히 함수적이다. 어떠한 상태도 수정되지 않고 어떤 식으로든 처리된 새로운 라인으로 간단히 대체된다. 다음은 단어 수와 관련된 예다.

```
def readAndWriteFile(readFrom: String, writeTo: String): Stream[IO, Unit] =
    Stream.resource(Blocker[IO]).flatMap { blocker =>
    val source: Stream[IO, Byte] =
                io.file.readAll[IO](Paths.get(readFrom), blocker, 4096)

    val pipe : Pipe[IO,Byte,Byte] = src =>
      src.through(text.utf8Decode)
      .through(text.lines)
        .flatMap(line => Stream.apply(line.split("\\W+"): _*))
        .fold(Map.empty[String, Int]) {
          (count, word) =>
            count + (word -> (count.getOrElse(word, 0) + 1))
        }
```

```
        .map (_.foldLeft("") {
          case (accumulator, (word, count)) =>
            accumulator + s"$word = $count\n"
        }
      )
    .through(text.utf8Encode)

  val sink : Pipe[IO,Byte,Unit] = io.file.writeAll(Paths.get(writeTo), blocker)

  source
    .through(pipe)
    .through(sink)
}
```

위의 예는 순수하게 함수적인 코드로, 변경된 상태가 전혀 없다.

결론

함수형 프로그래밍에서 동시성을 달성하는 방법은 가능한 한 많은 코드가 변경 불가능하고 상태 변경을 최소화하는 것이다.

또한 스트리밍이 함수형 프로그램에서 동시성을 구현하는 데 중요한 부분임을 확인했다. 객체를 스트림으로 보면 변화하는 객체의 수명주기 동안 변경되지 않는 스트림으로 볼 수 있다. 스트림은 동시성을 처리하는 중요한 도구다.

7장

어디로 가야 하는가?

지금까지 불변성, 참조 투명성, 고차 함수, 지연 및 패턴 매칭과 같은 함수형 프로그래밍의 다양한 측면을 살펴봤고, 코드에서 이러한 모든 설정을 사용할 수 있는 다양한 방법을 알아봤다. 다음 단계에는 무엇이 있을까? 어떻게 해야 이러한 단계에 도달할 수 있을까? 여기서 더 나아갈 수 있는 몇 가지 방법이 있다.

순수한 방식 채택하기

이러한 기술을 많이 사용할수록 코드는 '더욱 함수형'에 가까워진다는 점을 이 책의 전반에 걸쳐 강조했다. 그러나 코드가 '완전히 함수형'이 될 수 있을까? 대답은 '어느 정도'라 하고 싶다. 이것이 의미하는 바에 대해 정확하게 설명하겠다. 이러한 코드를 '순수한 함수형 코드' 또는 '순수 함수형 코드'라고 정했다. 먼저 간단하게 결과를 얻을 수 있는 print 구문부터 알아본다. 대부분 복잡한 프로그램nontrivial program에서 발생하는 다수의 부수 효과가 있다. 예를 들어 파일 쓰기, 콘솔 출력, 소켓 열기, 예외 발생 등을 들 수 있다. 여러분이 작성한 코드에 언급한 것을 사용하고 있다면 이 코드는 완전히 함수적이지 않다.

그렇다면 완전하게 함수적으로 만들고자 어떠한 작업을 할 수 있을까? 부수 효과를 코드에서 완전히 제거할 수 없다면 최소한으로 필요한 모든 부수 효과를 프로그램의 외부 경계[out border]에 격리시킬 수 있다. 그러면 프로그램을 읽는 사람은 순수하지 않은 부분이 어디에 해당하는지 확실하게 확인할 수 있을 것이다. 여기서는 외부 경계라는 문구를 은유적으로 사용했다. 이 문구는 나머지 부분과 쉽게 구별할 수 있도록 프로그램의 한 부분에 모든 부수 효과를 격리시키는 것을 뜻한다. 이것을 프로그램의 순수한 부분과 순수하지 않은 부분으로 나눠 생각할 수 있다. 순수하지 않은 부분은 모든 부수 효과가 발생하는 곳이다.

코드에 다음 라인을 추가하는 상황을 가정해보자.

```
println("Starting up...")
```

이는 부수 효과에 해당한다. 이 부수 효과를 프로그램의 외부 경계로 분리시키면 어떤 모습일까? 이를 위해 run 메서드와 (부수 효과를 확인하기 위한) 스칼라 트레잇 SE를 만들어보자.

```
trait[A] SE(a: A) { def run }
```

이 코드가 작동하는 방식은 println 구문을 트레잇으로 래핑[wrapping]하는 것이다. 그러나 이 표현식은 실제로 아무것도 출력하지 않는다.

```
SE(println("starting up"))
```

이 코드를 부수 효과에 대한 설명으로 생각해보자. run 메서드를 호출할 때만 출력된다. 스칼라에는 실제로 이와 같은 트레잇이 없지만 스칼라의 함수형 프로그래밍용 Cats Effect 라이브러리에는 위와 같은 클래스가 있는데, IO라고 하는 모나드다. 참조 투명성과 관련해 IO 모나드에 동기를 부여하는 또 다른 방법을 살펴보자.

다음 프로그램을 살펴보자.

```
val x = 23
(x, x)
```

위의 프로그램은 다음과 같을까?

```
(23, 23)
```

확인을 해보고자 x의 각 인스턴스를 23으로 치환할 수 있다. 이렇게 하면 두 프로그램 모두 다음과 같다.

```
(23, 23)
```

위의 두 프로그램이 사실상 동일하다는 결론을 내릴 수 있다.

값을 변수의 인스턴스로 대체하려면 해당 함수가 참조적으로 투명해야 한다. 이를 이해하고자 println 구문을 사용해 동일한 예를 확인해보자.

```
val x = println("Dude")
(x, x)
```

위의 코드는 다음의 프로그램과 같을까?

```
(println("Dude"), println("Dude"))
```

그렇지 않다. 위의 두 프로그램을 실행하면 첫 번째 프로그램에서 "Dude"가 한 번 출력되는 것을 볼 수 있다. 두 번째 프로그램은 "Dude"를 두 번 출력한다.

변수를 값으로 설정하고 해당 변수의 모든 인스턴스를 찾은 다음, 해당 값으로 변수를 치환했다. 이렇게 치환한 이후에 프로그램이 동일하면 좋겠지만 이번 예에서 볼 수 있듯이 항상 그렇지는 않다. println을 포함하고 있는 함수가 참조적으로 투명하지 않기 때문에 치환이 실패한다.

IO 모나드

그렇다면 무엇을 해야 할까? 참조적으로 투명하지 않은 함수를 절대로 사용할 수 없을까?

물론 println, 파일 읽기, 파일 쓰기, 데이터베이스 쿼리, 테이블 삭제와 같은 함수를 제거할 수는 없다. 그러나 함수형 프로그램을 작성하기 위한 일반적인 접근 방식에 해결 방법이 있다. 프로그램이 수행해야 하는 작업을 정확히 설명하는 프로그램의 설명^{description} 또는 청사진으로 프로그램을 대체하는 것이 아이디어다.

이러한 설명에는 부수 효과가 없다. 예를 들어 부수 효과에 해당하는 콘솔에 쓰는 대신 실제로 아무것도 쓰지 않고 콘솔에 써야 한다고 명시할 수 있다. 그런 다음 설명과 함께 프로그램에 대한 해석^{interpretation}을 추가할 수 있다. 이 추가된 곳이 프로그램의 작업(또는 부수 효과)이 실제로 수행되는 위치다. 이를 위해 IO 모나드를 활용할 수 있다. 다음을 살펴보자.

```
val x = IO { println("Dude") }
(x, x)
```

다음 프로그램은 위와 동일하다.

```
(IO { println("Dude")}, IO{ println("Dude")}
```

이 프로그램들 모두 설명이기 때문에 실제로 아무것도 출력하지 않는다. 실제 결과를 얻고자 IO 모나드에는 unsafeRunSync()라는 메서드가 있다(비슷한 이름을 가진 다른 메서드가 있다). unsafeRunSync는 실제 부수 효과를 처리한다. 이 경우 "Dude"가 콘솔에 출력된다. 메서드 이름에서 알 수 있듯이 "unsafe"를 통해 순수 함수형 프로그래밍이 아닌 '실제 프로그래밍 환경'으로 들어가고 있음을 경고한다.

```
val x = IO { println("Dude")}
x.unsafeRunSync()
```

위의 코드는 콘솔에 "Dude"를 출력한다.

IO 모나드는 모나드이기 때문에 map과 flatMap 메서드가 있다. 따라서 다음을 수행할 수 있다.

```
val x = IO { println("Dude") }

val program: IO[Unit] =
  for {
    _ <- x
    _ <- x
  } yield ()

program.unsafeRunSync()
```

이렇게 하면 "Dude"가 콘솔에 2번 출력된다.

IO 모나드에 대해 더 알아보기

일반적으로 다음과 같은 함수가 있다고 가정해보자.

```
doSomething
```

그리고 다음과 같은 for 구문이 있다.

```
for {
  _ <- doSomething
  _ <- doSomething
} yield ()
```

IO 모나드로 참조 투명성이 있는 경우 다음을 수행할 수 있다.

```
val task = doSomething

for {
  _ <- task
  _ <- task
} yield ()
```

IO 모나드로는 이를 수행할 수 있지만 Future로는 할 수 없다. IO 모나드는 스칼라 함수형 프로그래밍에서 중요한 부분을 차지한다. 이는 함수형 프로그래밍 관점에서 Future의 부족한 부분에 해당한다.

하스켈에 대해

하스켈은 위원회에서 설계한 프로그래밍 언어다. 학계와 산업계의 프로그래밍 언어 설계 그룹이 모여 순수 함수형 프로그래밍 언어의 모델을 만들었다. 다수의 순수한 프로그래밍 언어와 순수하지 않은 프로그래밍 언어 모두 하스켈에서 아이디어를 얻었다. 하스켈은 함수형 아이디어의 프로토타입prototype과 같은 역할을 한다. 앞에서 언급했듯이 하스켈은 순수하게purely 함수적이다. x를 3으로 설정하면 절대로 값을 변경할 수 없다. 스칼라에서 이와 같이 변수 x를 만들 수 있지만 val 키워드를 사용해야 한다.

```
val x = 3 // 절대로 변경할 수 없다.
```

하스켈에서는 특별한 키워드가 필요하지 않으며 불변성이 기본 동작 방식에 해당한다. 하스켈은 스칼라와 마찬가지로 강력한 타입 시스템을 갖고 있다. 다 방면에서 마틴 오더스키[Martin Odersky]는 스칼라를 만들 때 하스켈을 염두에 두고 있었던 것 같다. 그러나 오더스키는 스칼라가 함수적인 측면과 객체지향 측면을 모두 갖추어야 한다는 그의 제작 의도를 분명하게 밝혔다. 이것이 하스켈과 스칼라 사이의 주요 차이점이다.

하스켈에 관심이 있으면서 JVM[Java Virtual Machine]에 관심이 있는 사용자를 위해 JVM에서 실행되는 ETA(https://eta-lang.org)라는 구현 방법이 있다.

그러나 이것이 하스켈을 활용할 수 있는 대안이 될 수 있을까? 업계에서 가끔씩 사용되지만 여전히 학문적인 프로그래밍 언어에 가깝고 다른 프로그래밍 언어를 만드는 작업 및 이와 유사한 일에 더욱 적합하다.

완전히 순수한 방식을 따르고 싶지 않다면 어떻게 해야 할까?

중간 노선 선택

이 책을 읽는 많은 사람은 함수형 프로그래밍에 따르는 것에 관심이 있을 수도 있지만 반드시 하스켈이나 다른 순수 함수형 프로그래밍 언어의 길을 택할 필요는 없다.[1]

이 책에서는 내가 정한 **중간 노선**[middle route]이라는 용어를 사용할 것이다. 모든

---

1. 다른 순수 함수형 프로그래밍 언어로는 Agda, Idris, Curry, Miranda가 있다.

단계에서 하나의 아이디어와 구성을 따라야 한다고 주장하지 않으면서 스칼라와 같이 함수형 프로그래밍의 여러 가지 장점을 제공하는 다수의 프로그래밍 언어가 있다. 몇 가지 대중적인 프로그래밍 언어를 선정해 각각의 언어에 대해 간단하게 설명할 것이다.

JVM 언어

코틀린

코틀린^{Kotlin}에 대해 위키백과에서 발췌한 내용을 살펴보면 다음과 같다.

> 코틀린은 타입 유추 기능이 있는 크로스플랫폼, 정적 타입, 범용 프로그래밍 언어다. 코틀린은 자바와 완벽하게 상호 운용되도록 설계됐으며 코틀린 표준 라이브러리의 JVM 버전은 자바 클래스 라이브러리에 종속돼 있다. 코틀린은 타입 시스템이 덜 복잡하지만 다방면에서 스칼라와 유사하다. 흥미롭게도 코틀린은 자바스크립트로 컴파일돼 리액트(React)를 통해 프런트엔드 웹 애플리케이션으로 사용할 수 있다. 구글에서 코틀린은 안드로이드(Android) 앱에서 선호되는 프로그래밍 언어며, 예전부터 자바와는 별도의 프로그래밍 언어라는 인식이 있다.

코틀린에는 다음과 같은 몇 가지 흥미로운 기능이 있다.

확장 함수

확장 함수를 통해 모든 클래스에 함수를 추가할 수 있다. 문자열에서 마지막 문자를 반환하는 함수를 호출하려는 상황을 가정해보자. 그러면 다음과 같은 코드를 작성할 수 있다.

```
fun String.lastChar(): Char = get(length - 1)
```

클래스의 기본값 final

코틀린에서 클래스를 확장하려면 기존 클래스를 open으로 표시해야 한다. 이러한 기본 동작은 프로그래밍 언어의 함수적인 성향을 나타낸다.

데이터 클래스

데이터 클래스는 스칼라의 case 클래스와 굉장히 유사하다.

클로저

함수형 프로그래밍의 역사는 하스켈보다 훨씬 더 오랜 시점으로 거슬러 올라간다. 1958년에, 리스프Lisp가 등장했다. 리스프는 최초의 고급 프로그래밍 언어 중 하나다. 리스프에서 괄호를 사용한 점을 주목할 만하다. 다음은 리스프에서 스킴 Scheme을 사투리와 같이 독특하게 사용하는 방식과 관련된 샘플이다(리스프에는 많은 독특한 사용 방식이 있다).

```
(define new-withdraw
  (let ((balance 100))
    (lambda (amount)
      (if (>= balance amount)
        (begin (set! balance (- balance amount))
               balance)
        "Insufficient funds"))))
```

닷넷 언어

F#은 닷넷.NET 플랫폼에서 실행되는 마이크로소프트의 함수형 프로그래밍 언어다. 스칼라에 대한 마이크로소프트의 해결 방법은 F#이다. F#은 함수형 프로그래밍과 객체지향 프로그래밍 모두를 지원한다. 닷넷 플랫폼용 코드를 작성해야 하는 동시에 함수형 코드를 작성하는 경우 F#을 선택하는 것이 좋다. 닷넷

플랫폼에서 순수 함수형 프로그래밍 언어를 선호한다면 하스켈의 닷넷 버전도 있다.

타입 클래스

하스켈에서 굉장히 중요한 구조 중 하나로 타입^{type} 클래스가 있다. 스칼라에서 이를 어떻게 활용할 수 있는지 살펴보자.

타입 클래스를 처음 접할 때에는 자바 인터페이스^{interface} 또는 스칼라 트레잇과 상당히 유사해 보인다. 좀 더 살펴보면 타입은 훨씬 더 강력한 기능을 제공한다. 타입 클래스는 제작자인 필립 와들러^{Philip Wadler}와 스테판 블롯^{Stephen Blott}을 통해 하스켈에 도입됐다. 타입 클래스는 해당 타입이 해당 클래스에 속하고자 존재해야 하는 각각의 타입과 함께 일련의 함수 또는 상수 이름을 지정하는 것을 통해 정의된다. 하스켈에는 다른 프로그래밍 언어에서 흔히 접할 수 있는 일반^{ordinary} 클래스 개념이 없다. 타입 클래스만이 클래스다.

타입 클래스는 임시 다형성^{ad hoc polymorphism} 기능을 제공한다. 이 개념에 대해 자세히 알아보자. 먼저, 다형성이란 무엇일까? 다형성은 문자 그대로 '다양한 형태'를 의미한다. 다양한 타입의 인수^{argument}에 동일한 함수 이름을 적용할 수 있는 경우를 말한다. 이러한 개념을 살펴보고자 2개의 정수를 더하는 간단한 plus 함수부터 시작해보자.

스칼라

```
def plus(x: Int, y: Int): Int = x + y
```

이제 이 함수가 문자열에서도 작동하는 경우를 가정하면 두 문자열을 연결하는 것을 통해 'add' 할 수 있다. 스칼라에서는 간단하게 오버로딩을 사용할 수 있다.

160

```
def plus(x: Int, y: Int): Int = x + y
def plus(x: String, y: String): String = x + y
```

이러한 방식이 뭔가 불만족스럽다. 두 메서드가 거의 비슷하기 때문에 두 메서드를 별도로 정의해야 한다. 좀 더 괜찮은 방식이 있을 것이다. 타입 파라미터를 전달한 다음 어떠한 결과를 얻을 수 있는지 살펴보자.

```
def plus[A](x: A, y: A): A = //여기서 어떠한 일이 발생할까?
```

여기서는 A가 무엇인지 모른다는 것이 문제인데, 이때 A는 x와 y를 결합하는 방법을 알려준다. 예를 들어 HasPlus라는 트레잇을 만든 다음 A가 HasPlus의 하위 타입^{subtype}이 되게 제안할 수 있다. 그러면 다음과 같이 HasPlus를 작성할 수 있을 것이다.

```
trait HasPlus[A] {
   def plus(x: A, y: A): A
}
```

그러면 다음과 같이 일반적인 plus 함수를 작성할 수 있다.

```
def plus[A <: HasPlus[A]](x: A, y: A): A = plus(x,y)
```

A <: HasPlus[A]는 A가 반드시 plus를 구현한다는 것을 의미한다. 이 방식은 효과가 있는 것처럼 보인다. 하지만 잠시만 자세히 살펴보자. Int와 String은 HasPlus를 구현하지 않았으며, 이에 대해 할 수 있는 작업이 전혀 없다. 여기가 전체적인 그림에서 타입 클래스를 활용할 수 있는 부분이다. 이들은 기존 클래스에서 함수를 추가할 수 있게 해준다. 이는 바로 타입 클래스의 강력함에 해당

한다. 좀 더 활용할 수 있는 방법을 알아보자.

 타입 클래스를 사용하면 기존 클래스에 함수를 추가할 수 있다. 이러한 특징은 클래스를 정말 강력한 도구로 만들어준다.

여기 한 가지 좋은 소식이 있다. 생각해보면 Int와 String이 HasPlus의 하위 타입일 필요는 없으며 어떠한 의미에서 HasPlus로 '변환'할 수 있어야 한다. 암묵적으로 HasPlus로 변환시키면 어떻게 될까? 이 작업은 스칼라 implicits를 사용하면 가능하다. 이러한 작동 방식을 살펴보면 다음과 같다.

스칼라

```
implicit def intToHasPlus(x: Int): HasPlus[Int] = new HasPlus[Int] {
  override def plus(other: Int) = x + other
}

implicit def stringToAddable(x: String): HasPlus[String] = new HasPlus[String] {
  override def add(other: String) = x + other
}
```

여기서 클래스를 HasPlus로 변환할 수 있음을 표현하려고 한다. 여기서는 스칼라의 뷰 경계^{view-bound} 구문을 사용할 수 있는데, 연산자 <%를 사용한다.

A <: B는 A를 B로 변환할 수 있음을 의미하며 다음과 같이 사용할 수 있다.

```
def plus[A <% HasPlus[A]](x: A, y: A): A = x.plus(y)
```

이는 plus 메서드가 (암묵적 변환을 통해) HasPlus로 변환할 수 있는 A 타입의 객체를 취할 수 있는 것을 나타낸다. 앞에서 정의한 두 암묵적 변환을 사용해 다음과 같이 작업할 수 있다.

```
plus(3,4) // 결과는 7이다.
plus("Hello", " World") // 결과는 "Hello World"다.
```

이 코드 구문의 문제점은 뷰 경계인 <% 구문이 스칼라 버전 2.11 이후로 더 이상 사용되지 않는다는 점이다. 바로 이 부분에서 타입 클래스가 필요하다. 메서드를 다시 살펴보자.

```
combine(x: A, y: A): A = ?
```

그러나 여전히 두 값을 결합하는 방법을 모른다. 두 원소를 추가하는 방법을 알려주는 HasPlus 트레잇이 있다고 가정해보자.

```
trait HasPlus[A] {
  def plus(x: A, y: A): A
}
```

그런 다음 두 번째 파라미터 목록을 통해 HasPlus를 추가할 수 있다.[2] 이제 Int 와 String 모두에 대해 HasPlus를 구현할 수 있다.

```
object IntHasPlus extends HasPlus[Int] {
  override def plus(x: Int, y: Int) = x + y
}

object StringHasPlus extends HasPlus[String] {
  override def plus(x: String, y: String)= x + y
}
```

---

2. 두 번째 파라미터 목록과 관련 내용은 2장을 살펴보자.

이제 다음과 같이 combine을 호출할 수 있다.

```
combine(2,3)(intHasPlus)
combine("Hello", " World!")(StringHasPLus)
```

이제 원하던 기능을 거의 다 완성했다. 이제 남은 작업은 HasPlus 구현 방법을 implicit로 바꿔주는 작업만 남았다.

```
implicit object IntHasPlus extends HasPlus[Int] {
    override def plus(x: Int, y: Int) = x + y
}

implicit object StringHasPlus extends HasPlus[String] {
    override def plus(x: String, y: String)= x + y
}
```

그러면 다음과 같이 combine을 정의한다.

```
def combine[A](x: A, y: A)(implicit hasPlus: HasPlus[A]): A =
    hasPlus.plus(x, y)
```

그러면 다음과 같이 간단하게 호출할 수 있다.

```
combine(2,3)
combine("Hello World")
```

이제 스칼라에는 문맥 범위context bound라는 구문이 있다. 구문을 작성한 다음 문법적 설탕을 다룰 것이다. 먼저 implicitly 연산자부터 소개한다.

```
implicitly[A]
```

이 코드는 인스턴스 A가 존재하는 경우 implicit 범위에서 A의 인스턴스를 가져온다. 그러면 다음과 같이 코드를 작성할 수 있다.

```
def combine[A : HasPlus](x: A, y: A): A = implicitly[HasPlus[A]].plus(x,y)
```

이는 정확히 다음 코드와 같은 의미를 갖는다.

```
def combine[A](x: A, y: A)(hasPlus: HasPlus[A]): A = hasPlus.plus(x,y)
```

따라서 다음과 같이 코드를 작성할 수 있다.

```
def combine[A : HasPlus](x: A, y: A): A = implicitly[HasPlus[A]].plus(x,y)
```

이는 자동으로 일어나는데, 암묵적 HasPlus 객체가 포함된 두 번째 파라미터 목록이 있는 것과 같다. 더욱 자연스럽게 보이게 하고자 HasPlus의 동반 객체 companion object에서 다음과 같이 코드를 작성할 수 있다.

```
object HasPlus {
   def apply[A: HasPlus]: Hasplus[A] = implicitly
}
```

이제 다음과 같이 코드를 작성할 수 있다.

```
def combine[A : HasPlus](x: A, y: A): A = HasPlus[A].plus(x,y)
```

이 코드는 plus의 암묵적 구현이 있는 모든 데이터 유형에 대해서도 유효하다.

타입 클래스 예: JSON 라이브러리

JSON을 직렬화하는 간단한 라이브러리를 모델링하는 코드를 작성하려고 한다. 봉인된 트레잇^{sealed trait}인 Json부터 시작할 것이다.

```
sealed trait Json
```

그런 다음 Json을 확장시키는 일부 클래스와 객체를 추가한다.

```
final case class JsObject(get: Map[String, Json]) extends Json
final case class JsString(get: String) extends Json
final case class JsNumber(get: Double) extends Json
final case object JsNull extends Json
```

다음으로 실제 직렬화를 수행하는 write 메서드를 표현할 방법이 필요하다. 다음과 같은 트레잇을 사용해 이러한 작업을 실행할 수 있다.

```
trait JsonWriter[A] {
  def write(value: A): Json
}
```

JsonWriter는 우리가 제작하고 있는 타입 클래스에 해당한다. 다른 특성/클래스/객체는 타입 클래스를 지원하기 위한 보완적인 코드다.

이제 암묵적 구현을 만들어보자. 이를 타입 클래스 인스턴스^{type class instances}라고 하는데, 코드가 어떠한 모습을 갖추고 있는지 살펴보자.

```
final case class Person(name: String, email: String)

object JsonWriterInstances {
  implicit val stringWriter: JsonWriter[String] =
    new JsonWriter[String] {
      def write(value: String): Json =
        JsString(value)
    }

  implicit val personWriter: JsonWriter[Person] =
    new JsonWriter[Person] {
      def write(value: Person): Json =
        JsObject(Map(
          "name" -> JsString(value.name),
          "email" -> JsString(value.email)
        ))
    }

  // 기타...
}
```

이 코드는 타입 클래스를 완성시킨다. 어떻게 이 타입 클래스를 사용할 수 있을까?

우리는 실제 타입 T의 객체를 직렬화하는 **toJson**이라는 메서드를 만들어야 한다. 이를 위해서는 타입 T에 대해 클래스 인스턴스가 있는 경우에만 직렬화가 가능하다. 우리는 케이스 클래스인 Person에 대한 타입 클래스가 하나 있다. 따라서 다음과 같이 코드를 작성할 수 있다.

```
object Json {
  def toJson[A](value: A)(implicit w: JsonWriter[A]): Json =
    w.write(value)
}
```

그러면 다음과 같이 작업할 수 있다.

```
import JsonWriterInstances._

Json.toJson(Person("Andrea", "andrea@example.com"))
```

위의 코드를 실행하면 다음과 같은 출력 결과가 생성된다.

```
Map("name" -> JsString("Andrea"), "email" -> JsString("andrea@example.com"))
```

이제 다음과 같은 작업을 실행하기 바란다고 가정해보자.

```
Person("Andrea", "andrea@example.com").toJson
```

Person 케이스 클래스에 toJson 메서드가 없더라도 이 작업을 수행하려고 한다. 타입 클래스의 장점 중 하나는 이미 생성된 클래스에 메서드를 추가할 수 있다는 점이다. 위의 내용을 수행하는 코드는 다음과 같다.

```
object JsonSyntax {
  implicit class JsonWriterOps[A](value: A) {
    def toJson(implicit w: JsonWriter[A]): Json =
      w.write(value)
  }
}
```

이제 다음과 같이 실행할 수 있다.

```
import JsonWriterInstances._
import JsonSyntax._
```

```
Person("Andrea", "andrea@example.com").toJson
```

위의 코드는 우리가 의도한 방향으로 동작할 것이다.

결론

타입 클래스를 활용할 수 있는 작업은 무한하다. 더 많은 예를 살펴보고 싶다면 Cats 라이브러리(https://oreil.ly/lXxBp)를 참고하자. 함수적으로 코드를 작성하는 데 있어 유용한 다수의 내장 타입 클래스를 제공한다.

Cats 라이브러리가 포함된 하스켈 또는 스칼라와 같은 언어로 순수한 함수적인 노선을 추구하기로 선택하든 F#, 클로저, C#, 자바 또는 스칼라와 같은 언어를 선택해 중간 노선을 추구하기로 결정하든, 함수형 프로그래밍은 모든 것을 더 명료하고 명확하고, 더욱 범용적이며, 구성하기 쉽게 만들어준다.

스칼라

특정 프로그래밍 언어에 대한 부록을 제공하는 이유는 무엇일까? 함수형 프로그래밍에 대한 개인적인 경험 및 함수형 프로그래밍과 관련된 다수의 프로그래밍 언어를 사용해 본 경력을 바탕으로 어떤 언어로든 함수적인 개념을 어느 정도 표현할 수 있지만 일부 프로그래밍 언어가 함수적인 사고와 표현에 더 자연스럽고 적합한 것을 알 수 있었다.

대부분의 언어로 함수적인 개념을 표현할 수 있지만 함수적 구성을 부분적으로 또는 완전히 지원히 설계된 언어를 사용하면 함수형 프로그래밍에 대해 더욱 쉽게 배우고 이해할 수 있을 것이다.

이것은 다양한 도구와 기능으로 함수적인 개념을 표현하는 방법을 볼 수 있도록 다른 프로그래밍 언어로도 소개하기로 결정한 이유다. 그러나 함수적 개념의 아름다움과 유용성을 충분히 이해하려면 함수적인 목적을 염두에 두고 설계된 언어로 구현된 것을 살펴봐야 한다고 개인적으로 믿고 있다.

다방면으로 전형적인 함수형 언어이자 순수 함수형 언어인 하스켈을 선택할 수도 있지만 실용성 측면에서 스칼라가 최선의 선택일 것이다. 따라서 하이브리드 언어인 스칼라를 선택했다. 제작자인 마틴 오더스키는 함수적 코드와 객체지향 코드를 동일하게 작성할 수 있는 언어를 원했다.

스칼라는 하이브리드 언어다. 객체지향 및 함수형 패러다임을 모두 지원하도록 설계됐다.

이 책에는 다른 프로그래밍 언어로 작성된 다수의 예가 있다. 그러나 '가장 함수적인' 주제에 대해서는 스칼라 코드를 주로 예로 들 것이다. 주로 이러한 개념을 다른 언어로 표현하는 데 필요한 모든 코드가 이 책의 주요 목표인 구문에 얽매이지 않고 함수적으로 생각하는 방법을 배우는 데 있어 주의를 분산시킬 수 있기 때문이다. 또한 개인적인 의견으로 스칼라에 대한 안내문을 주의 깊게 읽으면 처음에는 분명하지 않을 수 있는 또 다른 이점을 얻을 수 있다고 덧붙이고 싶다. 이러한 내용을 통해 여러분은 함수적으로 생각할 수 있을 것이다. 말하자면 함수적인 개념은 언어에 '내장'돼 있다.

여러분이 굳이 스칼라 소개 글을 읽고 싶지 않다면 부록이 아닌 이 책의 내용을 읽을 것을 권장한다.

가정

나는 여러분의 프로그래밍 지식에 대해 몇 가지 가정을 할 것이다. 여러분은 프로그래밍 경험이 있을 때 파악할 수 있는 일반적인 개념에 익숙하다고 가정할 것이다. 그리고 OOP의 클래스에 대해 알고 있다고 가정했다. 또한 함수가 무엇인지, 메서드가 무엇인지 먼저 알고 있다고 가정했다. 명확하게 하고자 메서드를 특정 클래스와 관련된 함수로 간주할 것이다. 그렇지 않을 경우 이는 동일하다. 거의 모든 프로그래밍 언어에 예외가 있기 때문에 예외가 무엇인지 알고 있다고 가정할 것이다. 마지막으로 for 루프, while 루프, case문 등과 같은 일반적인 프로그래밍 구조에 익숙하다고 가정할 것이다.

개요

스칼라 언어에 대한 설명으로 시작하자. 스칼라는 함수형 및 객체지향 프로그래밍을 모두 지원하는 정적 타입 언어다. 순수 함수, 고차 함수, 지연 평가, 패턴 매칭, 불변성, 커링^{currying}, 표현형^{expressive} 타입 시스템을 지원한다. 이 용어 중 일부를 설명하겠다.

정적 타입 지정

언어의 각 데이터 조각에는 데이터 조각이 어떠한 종류의 데이터인지 설명하는 자체 데이터 타입이 있다. 예를 들어 문자열, 정수 또는 사용자 정의 타입이 있다.

함수형 프로그래밍

순수 함수, 불변 데이터, 범주론^{category theory}의 구문을 사용하는 프로그래밍 스타일이다.

객체지향 프로그래밍

도메인을 각각 수행할 수 있는 고유한 메서드 또는 연산 집합을 갖는 객체 집합^{collection}으로 모델링하는 프로그래밍 스타일이다.

순수 함수

순수 함수는 입력을 받아 출력을 반환하는 함수다(다른 작업은 수행하지 않는다). 별도의 부수 효과가 발생하지 않는다. 함수 외부의 변수는 수정하지 않으며 파일에 쓰거나 예외를 발생시키지 않는다. 단순히 입력을 받고 출력을 반환한다. 동일한 입력을 제공하면 동일한 출력값이 반환된다.

고차 함수

고차 함수는 다른 함수를 파라미터로 받거나 함수를 반환하는 함수다.

지연 평가

지연 평가는 표현식이 필요할 때만 평가되는 것을 의미한다. 일반적으로 지연 평가를 사용하지 않고 지연되지 않은 함수가 파라미터를 사용하면 해당 함수가 호출되는 즉시 해당 파라미터로 대체된 변수가 평가된다. 지연 평가에 해당하는 경우 필요할 때까지 평가되지 않는다.

패턴 매칭

패턴 매칭은 스테로이드의 switch 또는 case문과 같다. 이 책의 뒷부분에서 이에 대해 자세히 알아본다.

불변성

불변성은 어떠한 것이 결코 변하지 않는다는 것을 의미한다. 변수 x가 불변인 경우 일단 설정되면 변경할 수 없다.

타입 시스템

이것은 단순히 프로그래밍 언어에서 사용 가능한 모든 타입의 집합을 나타낸다.

var와 val

스칼라에서 변수를 선언하는 방법은 2가지가 있다. 하나는 var 키워드를 사용하는 것이고 다른 하나는 val 키워드를 사용하는 것이다. var는 다른 프로그래밍 언어의 변수와 같다. 일단 선언되고 값으로 설정된 var는 언제든지 변경할 수 있다. 그러나 설정된 val은 절대 변경할 수 없다. 스칼라의 제작자인 마틴 오더스키는 스칼라가 순전히 함수적인 프로그래밍 언어가 되기를 원했다면 val만 사용하게 했을 것이다. 스칼라에서는 가능하면 val을 사용하고 필요할 때만 var를 사용하는 것이 좋다. var가 필요한 것으로 인정받을 수 있는 한 가지 사유로 성능에 최적화된 방식으로 알고리듬을 구현하려는 경우가 해당될 수 있다.

```
val x = 3
x = x + 1 // 컴파일러 에러!

var y = 3
y = y + 1 // 컴파일
```

클래스와 객체

자바 및 객체지향 프로그래밍 언어에서 일반적으로 객체는 클래스의 인스턴스다. 코드를 작성하면 다음과 같다.

자바

```
User user = new User();
```

그런 다음 User는 클래스이고 user는 해당 클래스의 인스턴스다. 이러한 사용법은 객체라는 용어가 다른 의미가 있다는 점을 제외하면 스칼라에서도 동일하다. 스칼라에서 객체^{object}는 싱글톤^{singleton}을 선언하는 키워드다. 코드를 작성하면 다음과 같다.

스칼라

```
object User {
    def getUserName = ???
}
```

이 코드는 백그라운드에서 User라는 클래스를 만들고 클래스의 인스턴스를 만든다. 그러나 오직 하나의 인스턴스만 허용된다.

??? 부분은 아직 완성하지 않았지만 코드를 컴파일하려는 일부 코드를 채우는 표현식이다.

따라서 다음과 같이 작성할 수 있다.

스칼라

```
User.getUserName
```

그리고 이 코드는 사용자의 이름과 상관없이 처리를 시작한다.

함수

스칼라의 몇 가지 간단한 함수를 살펴보자.

스칼라

```
def square(n: Int): Int = n * n
```

파라미터의 타입이 콜론과 타입으로 구성되는 방식에 주의하자. 또한 반환 타입은 콜론 다음에 온다. 스칼라에서 컴파일러는 대다수의 경우 변수의 타입을 유추할 수 있다. 이 경우 스칼라는 타입을 생략할 수 있다. 예를 들면 다음과 같다.

```
def square(n: Int) = n * n
```

컴파일러는 인수 n의 타입을 유추할 방법이 없다. 인수에는 항상 타입이 필요하다. 그러나 일반적으로, 특히 공용 API의 경우 타입을 포함해 API 사용자에게 좀 더 명확한 정보를 제공하는 것이 좋다.

다음은 제곱 함수를 표현하는 몇 가지 다른 방법이다.

```
def square = (n: Int) => n * n
```

오른쪽은 익명 함수다.

이 함수 또한 val을 사용할 수 있다.

```
val square = (n: Int) => n * n
```

차이점은, val은 정의될 때 작업을 시작하고 def는 호출될 때 작업을 시작한다는 것이다.

함수를 반환하는 함수

인수에 고정된 숫자를 더하는 함수를 생성하는 함수가 필요하다고 가정해보자. 스칼라에서 다음과 같이 할 수 있다.

```
def addA(a: Int) = (n: Int) => n + a
```

더 명확하게 하고자 addA의 반환 타입을 추가할 수 있다.

```
def addA(a: Int): Int => Int = (n: Int) => n + a
```

케이스 클래스

케이스 클래스는 강력하며 스칼라에서 찾아볼 수 있는 유용하고 효율적인 구문의 좋은 예에 해당한다. 케이스 클래스는 추가적인 구조를 갖고 있고 여러분은 이에 대한 추가 전제 조건을 만들 수 있다. 케이스 클래스는 앞에 new 키워드가 필요하지 않으며 equals, hashCode, toString, copy 함수가 함께 제공된다. 다음과 같이 케이스 클래스를 정의할 수 있다.

스칼라

```
case class Document(id: Int, title: String: numOfPages: Int)
```

그러면 다음과 같이 사용할 수 있다.

스칼라

```
val doc = Document(1,"Earnings", 35)
```

문서를 복사하고 싶지만 페이지 수를 변경하려는 경우 다음과 같이 할 수 있다.

스칼라

```
val newDoc = doc.copy(numOfPages = 37)
```

케이스 클래스에 대한 중요한 점은 동일한지 테스트할 때 참조가 아닌 필드에 의해 비교된다는 것이다. 그러면 다음의 경우를 살펴보자.

스칼라

```
val doc1 = Document(3, "My Vacation", 10)
val doc2 = Document(3, "My Vacation", 10)
```

그런 다음 doc1 == doc2는 Document 클래스의 서로 다른 2개의 인스턴스이지만 true로 평가된다. 값을 기준으로 서로 같다고 말할 수 있기 때문이다.

케이스 클래스가 클래스가 아니고 객체인 경우 이를 케이스 객체라고 한다.

패턴 매칭에 관해서는 스칼라에서 케이스 클래스를 특별히 활용하는 것을 보게 될 것이다.

함수 선언

함수에 대한 모든 인수에는 연관된 타입이 필요하다. 함수의 타입을 어떻게 선언할 수 있을까? 몇 가지 예를 살펴보자.

스칼라

```
f: Int => Int
```

위 코드는 Int를 받아 Int를 반환하는 함수다. 이것은 수학자들이 함수를 작성 하는 방식과 비슷하다. 다음은 또 다른 코드다.

```
f: (User, Int) => Double
```

이 함수는 User와 Int의 튜플 유형 객체를 취하고 Double을 반환한다.

커링

순수하게 함수적인 프로그램에서는 하나의 인수를 가진 함수는 여러 개의 인수 를 가진 함수보다 우수한 것으로 인정받는다. 항상 다수의 인수를 필드로 사용 하는 클래스를 만든 다음 해당 클래스의 객체를 가져와 변수를 반환하는 함수를 만들 수 있다. 그러나 이는 조금 어설픈 접근 방식이다. 스칼라는 더 나은 접근 방식을 제공한다. 커링^{Currying}은 여러 인수를 갖는 함수를 하나의 인수를 갖는 함수로 변환하는 방법이다. 작동하는 방식을 살펴보자. 2개의 Int를 취하고 하나의 Int를 반환하는 함수가 있다고 가정하며 시작해보자.

스칼라

```
def f(a: Int, b: Int): Int = a + b
```

커링이 이 함수를 어떻게 변환하는지 살펴보자. 다음과 같이 각각의 인수를 괄호로 작성한다.

```
def f(a: Int)(b: Int) = a + b
```

이 정의를 어떻게 해석할 수 있을까? f(a)는 Int를 사용하며, Int를 사용하고 int를 반환하는 함수를 반환한다.

```
f(3)(4)
```

f(3)은 Int에 3을 더하는 함수다.

익명 함수

2개의 Int를 가져와 함께 더하는 함수를 생각해보자. 스칼라에서 이것을 작성하는 기본적인 방법은 다음과 같다.

스칼라

```
def sum(m: Int, n: Int): Int = m + n
```

이름을 지정하지 않고 작성하는 방법을 살펴보자.

```
(m: Int, n: Int) => m + n
```

다음과 같이 변수에 할당할 수 있다.

```
val f = (m: Int, n: Int) => m + n
```

고차 함수

고차 함수는 단순히 다른 함수를 인수로 받거나 함수를 반환하는 함수다. 몇 가지 예를 살펴본 다음 이 개념이 추상화를 촉진하는 방법을 살펴보자.

```
def apply(f: Int => Int, a: Int) = f(a)
```

이 함수는 Int에서 Int 및 Int로의 함수를 취하고 해당 함수를 해당되는 Int에 적용한다. 함수를 반환하는 더 복잡한 예는 어떨까?

```
def f(a: Int): Int => Int = (n: Int) => n + a
```

이 함수는 Int를 전달받은 다음 Int를 받아 a를 더하는 함수를 반환한다. 다음은 커링의 예다.

```
def f(a: Int)(b: Int): Int = (m: Int) => a * b + m
```

고차 함수는 어떻게 추상화를 촉진할 수 있을까? 핵심은 특정 기능의 청크^{chunk}를 나타내는 함수를 전달할 수 있는 기능을 제공한다는 것이다. 계산 중이며 사용하는 알고리듬이 변수 x의 값에 의존하는 상황을 가정해보자. 3가지 알고리듬 **alg1**, **alg2**, **alg3**이 있다고 가정한다. 이는 3가지 함수다. 그런 후 다음과 같이 작업할 수 있다.

```
if (x <10)
    f(alg1)
else if (x < 20)
    f(alg2)
else
    f(alg3)
```

고차 함수가 추상화를 촉진할 수 있는 또 다른 방법은 함수이며 파라미터를 사용하는 클래스를 만드는 것이다.

```
class Method(s: Strategy)
```

여기서 **Strategy**는 함수의 별칭이다. 스칼라에서는 다음과 같이 할 수 있다.

```
type Strategy = (n: Double) => Double
```

기본적으로 이를 통해 클래스를 만들고 함수 청크를 지정할 수 있으며, 이러한 경우 특정 문제를 해결하기 위한 전략을 나타낸다.

일반적인 개념은 고차 함수를 사용하면 **Int** 또는 **String**과 같은 단순한 데이터 유형 대신 기능을 전달할 수 있게 해준다.

패턴 매칭

패턴 매칭[pattern marching]은 스테로이드의 switch문과 동일하다. 매치시킬 수 있는 대상의 집합은 Int 또는 String보다 훨씬 크다. 몇 가지 예를 살펴보자.

먼저 정수에 대한 간단한 매치를 만들어볼 것이다. 이것은 기본적인 일반 switch문이다.

스칼라

```
def f(n: Int): Int = 3

f(2) match {
  case 1 => "no"
  case 2 => "no"
  case 3 => "yes"
  case _ println("value not found")
}
```

이 식은 문자열 "yes"로 평가된다. 여기서 이 패턴 매칭 구성은 값으로 평가되는 표현식이라는 점을 강조하겠다. 실제로 다음과 같이 변수에 저장할 수 있다.

```
val x = f(2) match {
  case 1 => "no"
  case 2 => "no"
  case 3 => "yes"
  case _ println("no match")
}
```

x의 값은 문자열 "yes"를 포함한다. case _는 다른 값이 일치하지 않는 경우에 해당한다.

다른 예를 살펴보자.

```scala
import scala.util.Random

val x: Int = Random.nextInt(10)

x match {
  case 0 => "zero"
  case 1 => "one"
  case 2 => "two"
  case _ => "other"
}
```

앞서 케이스 클래스가 패턴 매칭에 굉장히 유용하다고 언급했다.

```scala
case class User(firstName: String, age: Int)

val user = User("Katherine", 26)

user match {
  case User(_, 25) => "not a match"
  case User("Katherine", _) => "a match!"
  case User(_, 26) => "a match"
}
```

패턴 매칭 식은 필드를 '확인'해 매칭시킬 수 있다. 이것은 내장된 객체에서도 작동한다.

```scala
case class Name(first: String, last: String)
case class User(name: Name, age: Int)
```

```
User(Name("John", "Smith"), 77) match {
  case User(Name(_, "Smith"), _) => "A Smith!"
}
```

불리언 식을 추가해 match와 관련해 구체화시킬 수 있다.

```
case class Name(first: String, last: String)
case class User(name: Name, age: Int)

val user = User(Name("Katherine","Smith"), 26)

user match {
  case User(Name(_, last), _) if (last(0).toString.toUpperCase=="S") =>
    println("a match!")
}
```

타입에 대해 match를 사용하는 것도 가능하다.

```
abstract class Device
case class Phone(model: String) extends Device {
  def screenOff = "Turning screen off"
}

case class Computer(model: String) extends Device {
  def screenSaverOn = "Turning screen saver on..."
}

def goIdle(device: Device) = device match {
  case p: Phone => p.screenOff
  case c: Computer => c.screenSaverOn
}
```

이처럼 패턴 매칭은 강력한 구조를 갖고 있다.

트레잇

트레잇[trait]은 자바 인터페이스와 비슷하지만 메서드의 일부(또는 전부)를 구현할 수 있는 것은 매력적이다(자바 8에서는 디폴트 및 정적 메서드를 구현할 수 있다). 이 특징은 완전히 거짓은 아니지만 불완전하다. 트레잇은 이보다 훨씬 더 많은 기능을 제공한다.

작업할 수 있는 가장 간단한 trait부터 시작해보자.

```
trait Printable
```

Document라는 클래스를 만들고 있고 Document에 print라는 메서드가 있음을 분명히 하고 싶다. 그러면 다음과 같이 할 수 있다.

```
class Document extends Printable
```

Printable에는 메서드가 없기 때문에 Document에 print라는 메서드가 필요하지 않다. 위의 선언에서 약간 오해의 소지가 있을 수 있지만 가장 단순한 trait의 예다. print 메서드가 있는지 확인하고자 다음을 실행해보자.

```
trait Printable {
  def print: Unit
}

class Document extends Printable
```

위의 경우에 컴파일러는 Document에 print 메서드가 있는 것을 강제한다.

클래스는 여러 트레잇을 확장할 수 있다. Scannable이라는 또 다른 trait이 있다고 가정해보자. Document가 두 트레잇을 모두 확장하게 지정하려면 어떻게 할 수 있을까?

```scala
trait Printable {
  def print: Unit
}

trait Scannable {
  def scan: Unit
}

class Document extends Printable with Scannable
```

with 절은 필요한 만큼 많이 사용할 수 있다.

 트레잇에는 구현된 메서드와 구현되지 않은 메서드가 모두 있을 수 있음을 분명히 하자.

추상 클래스와 트레잇 구별

자바와 마찬가지로 스칼라에도 추상 클래스가 있다. 추상 클래스와 트레잇 모두 구현된 메서드와 구현되지 않은 메서드를 가질 수 있다. 또한 2가지 모두 인스턴스화할 수 없다. 차이점은 무엇일까?

먼저 가장 큰 차이점은, 클래스는 하나의 추상 클래스(또는 구체적인 클래스)만 확장할 수 있다는 것이다. 스칼라에는 클래스의 다중 상속이 없으며 트레잇의 다중 상속은 가능하다.

조금 흥미로운 다른 차이점으로 스칼라에서 class의 인스턴스에 trait을 추가할 수 있지만 인스턴스에 추상 class를 추가할 수 없다는 점이 있다. trait을 사용하면 다음과 같다.

```
trait Loggable
class Document

val d = new Document with Loggable
```

이 경우 (이러한 방식으로 생성된 다른 모든 인스턴스처럼) 모든 Document가 Loggable이 아니며, 특정 Document만 가능하다.

또 다른 차이점으로 클래스는 정의에서 파라미터를 사용할 수 있다. 예를 들면 다음과 같다.

```
class Person(name: String) {
   // 다른 작업
}
```

이 예제에서 class 자체는 생성자로 작동하며 생성자 파라미터를 갖는다. 트레잇은 이를 수행할 수 없다(어쨌든 인스턴스화할 수 없기 때문이다).

추상 클래스는 생성자 파라미터가 없을 때 자바 코드와 완벽하게 상호 운용 가능하다. 트레잇은 구현된 메서드가 없을 때 자바 코드와 완전히 상호 운용할 수 있다.

지연 평가

스칼라의 표현식은 즉시 실행되는 것이 아니라 필요할 때 실행되며, 이러한 경우 지연 평가된다고 한다. 예를 들어 시간이 오래 걸리는 계산을 수행하는 함수 f가 있다고 가정하자. 또한 f를 인수로 취하는 또 다른 함수 g가 있다고 하자. 지연이 없는 표현식의 경우 함수를 호출할 때 스칼라가 가장 먼저 하는 일은 모든 인수를 평가하는 것이다. 이제 def는 지연시킬 수 없으며 오직 val만 가능하다. 다음 코드를 살펴보자.

```scala
val h = longRunningComputation
g(h)
```

이 경우 h는 lazy로 표시되지 않으므로 g가 호출되자마자 h를 처리한다(그리고 많은 시간이 소요된다). 이제 다음 코드를 살펴보자.

```scala
lazy val h = longRunningComputation
g(h)
```

이 경우 g가 호출될 때 h는 필요할 때까지 호출되지 않는다. 때로 lazy는 프로그램의 성능을 향상시키는 데 유용하다. 이 책의 다른 부분에서는 지연 평가 사용의 다른 종류 장점을 볼 수 있다.

타입 파라미터

스칼라에서 String 리스트를 다음과 같이 정의할 수 있다.

스칼라

```scala
val lst: List[String] = List("abc", "def")
```

List 자체로는 타입이 아니며 타입 생성자type constructor라고 한다. 타입 생성자는 이 책의 여러 곳에서 접할 수 있다. List 타입 생성자는 다른 타입과 결합될 때 타입이 된다. 다음은 타입에 해당한다.

```scala
List[Int], List[String], List[User] etc
```

옵션 유형

null은 피해야 할 대상이라는 것이 스칼라 개발자 사이에서 합의된 원칙이다. 그렇다면 null 대신 무엇을 사용해야 할까? Option 유형에는 Some 및 None의 2가지 하위 타입이 있다. Some은 값을 래핑하고 None은 독립형^{standalone} 타입이다. 예를 살펴보자. 다른 프로그래밍 언어에서 null이 사용될 수 있는 경우의 일반적인 예는 사용자 이름을 나타내는 String을 가져오고, 해당 사용자 이름이 있을 경우 사용자 객체를 반환하는 함수다. 예를 들어 자바에서 사용자 이름을 찾을 수 없으면 null을 반환할 수 있다. 스칼라에서 이 작업을 수행하는 방법은 다음과 같다.

```
def getUser(userName: String): Option[User] = ???
```

사용자가 없으면 함수는 None을 반환할 수 있다.

사용자가 발견되면 Some(user)를 반환한다. 여기서 user는 userName과 연결된 User 객체의 인스턴스다.

옵션은 패턴 매칭에 적합하다. 다음 예를 살펴보자.

스칼라

```
val userName = "victoria2002"
getUser(userName) match {
  case Some(user) => // user로 작업하기
  case None => // user에게 메세지 보여주기
}
```

퓨처

퓨처[future]의 F는 또 다른 유형 생성자다. List 및 Option과 마찬가지로 퓨처의 F 그 자체로는 타입이 아니라 타입 생성자다. 타입 파라미터 T를 지정하면 F[T] 유형을 얻을 수 있다. 그러나 퓨처는 어떤 것일까? 일반적인 변수는 현재 값을 갖고 있다. 퓨처는 미래의 어느 시점에서 값을 가질 것으로, 집중적이고 장기간 실행되는 일부 계산 값을 설정하는 데 특히 유용하다. 예를 들어 f를 전체 숫자 Z에 대해 정의된 함수라고 가정하면 일반적으로 완료하는 데 1분이 걸린다. 일반 변수를 이 함수의 값으로 설정하면 다음과 같이 할 수 있다.

```
val x = f(5)
```

이 코드를 실행하는 스레드는 1분 동안 중지[halt]된다. 여기에는 1분 동안 UI를 중지시키는 작업이 포함될 수 있다. 이는 프로그램에 치명적이다. 이제 퓨처를 사용하는 것을 고려하면 다음과 같이 할 수 있다.

```
val fut: Future[Int] = f(5)
```

코드는 fut가 아직 f(5) 값을 보유하지 않더라도 다음 라인을 바로 실행한다. 그런 다음 "값이 언제 완료되는지 어떻게 알 수 있으며 그 값을 얻는 방법은 무엇입니까?"와 같이 논리적인 좋은 질문을 할 수 있다. Future 클래스에는 onComplete라는 메서드가 있으며 다음과 같이 사용할 수 있다.

```
val fut: Fut[Int] = f(5)
fut onComplete {
  case Success(n) => println(s"The answer is $n")
  case Failure(ex) => println(ex.getMessage)
}
```

onComplete 이외에도 퓨처와 함께 여러 고차 함수를 사용할 수 있다. 예를 들면 다음과 같다.

```
val s: Future[String] = getName(id)
```

여기서 getName은 장시간 실행하는 계산을 통해 이름을 가져오는 함수다. 그런 후 다음과 같이 할 수 있다.

```
s.map(s => s.toUpperCase)
```

퓨처가 완료되면 이 표현식은 다음과 같은 결과가 나올 것이다.

```
Future("JOSEPH")
```

Future 클래스를 사용하려면 2가지를 임포트^{import}해야 한다. 한 가지는 다음과 같다.

```
import scala.concurrent.Future
```

다른 하나는 다음과 같다.

```
import ExecutionContext.Implicits.global
```

후자의 임포트에서는 ExecutionContext라는 항목을 가져온다. ExecutionContext 에 대해 자세히 알아보지 않겠지만 대략적으로 스레드 풀로 생각하면 된다. 계산이 비동기적으로 실행될 수 있는 환경이다. 퓨처는 비동기 계산을 허용하기 때문에 스칼라 프로그래밍에서 굉장히 인기가 있다. 순수한 함수형 프로그램에서는 1장에서 다룬 참조 투명성의 원칙에 위배되기 때문에 때로는 눈살을 찌푸리게 만든다. 순전히 함수적인 퓨처를 대체할 수 있는 한 가지 대안으로 IO 모나드가 있으며 7장에서 다뤘다.

핵심 고차 함수

알아야 할 가장 중요한 고차 함수로는 map, flatten, flatMap이 있다.

map

map 함수는 객체 컬렉션과 해당 객체에 정의된 함수 f를 사용하고 컬렉션의 n번째 객체가 f에 의해 변환된 객체인 새로운 컬렉션을 반환한다. 다음 예를 살펴보자.

스칼라

```
def square(n: Int): Int = n * n
List(1,2,3,4,5).map(square)
```

그러면 컬렉션이 반환된다.

```
List(1,4,9,16,25)
```

다음은 숫자 리스트를 가져와 각각을 제곱한 다음 제곱한 수를 모두 더하는 함수다. 표현식이 얼마나 간결한지 확인해보자.

스칼라

```
def squareAndSum(lst: List[Int]): Int = lst.map(square).sum
```

간단한 타입이 아닌 리스트가 있다면 어떻게 해야 할까? 예를 들어 Option을 확인하면 다음과 같다.

```
def getUser(userName: String): Option[User] = ???
val names: List[String] = List("username1", "username2", "username3")
names.map(getUser)
```

다음과 같은 결과가 나올 것이다.

```
List(None, Some(user1), Some(user2))
```

flatten

스칼라에는 flatten이라는 메서드가 있는데, 유용하다. 다음을 살펴보자.

```
names.map(getUser).flatten
```

이는 다음과 같이 처리된다.

```
List(user1, user2)
```

이 방법의 장점은 Some 인스턴스를 병합하고 None을 버린다는 점이다.

flatMap

컬렉션을 매핑^{map}한 다음 평면화^{flatten}를 하려면 flatMap이라는 또 다른 메서드를 사용한다.

flatten의 예를 다시 살펴보고 flatMap이 처리하는 방식을 살펴보자.

```
names.map(getUser).flatten // List(user1, user2)로 처리된다.
names.flatMap(getUser)     // 마찬가지로 List(user1, user2)로 처리된다.
```

flatMap은 함수형 프로그래밍에서 중요한 역할을 한다.

기타 중요한 고차 함수

foldLeft

foldLeft는 컬렉션에서 정의되며 시작 요소와 컬렉션의 요소 쌍에 대해 정의된 이항 연산을 받는다. 이는 두 요소를 결합하는 데 사용되는 연산을 컬렉션의 모든 요소에 적용하는 방법이다. 예를 들어 다음과 같다.

스칼라

```
List(1,2,3,4,5).foldLeft((n: Int, m: Int) => n + m) // 결과는 10이다.
```

이는 다음과 같이 표현할 수도 있다.

```
List(1,2,3,4,5).foldLeft(_ + _)
```

이것은 익명 함수에 대해 단축키 _ + _를 사용한다.

```
List("abc", "def", "ghi").foldLeft(_ + _) // 결과는 "abcdefghi"다.
```

다시 돌아가 보자.

```
List(1,2,3,4,5).foldLeft(0)(_+_)
```

여기서 +를 2개의 정수를 취해 결합하는 임의의 함수 f로 대체할 수 있다. 예를 들면 다음과 같다.

```
def f(n: Int,m: Int): Int = 2 * m + n
List(1,2,3,4,5).foldLeft(1)(_ + _)   // 결과는 31이다.
```

foldLeft는 컬렉션의 왼쪽에서 시작한다. 마찬가지로 foldRight도 있다. 컬렉션이 교환 가능하면 foldLeft와 foldRight는 같다.

filter

filter는 컬렉션에 정의된 고차 함수이며 불리언을 반환하는 함수인 술어 predicate를 취하고, 술어를 만족하지 않는 컬렉션의 모든 요소를 필터링한다. 다음의 예를 살펴보자.

```
def isEven(n: Int): Boolean = (n % 2 == 0)

List(1,2,3,4,5).filter(isEven)  // 결과는 List(2,4) 이다

def startsWithA(s: String): Boolean = (s.length > 0 && s(0)toUpperCase == 'A')
List("abc", "def", "ghi", "axy").
      filter(startsWithA) // 결과는 List("abc", "axy") 이다
```

결론

스칼라는 특히 함수형 프로그래밍을 학습하기 좋은 프로그래밍 언어다. 여러분이 원하는 대부분의 함수적인 구성이 가능하며, 프로그램에서 객체지향 코드를 사용할 수도 있다. 무엇보다 굉장히 간결하고 명확한 문법을 사용하고 있어 _(괜찮게 작성한) 스칼라 코드를 쉽게 읽을 수 있을 것이다.[1]

---

1. 이는 확실히 개인적인 의견이다. 그러나 이 의견은 함수형 프로그래밍 및 다양한 프로그래밍 언어에 대한 나의 개인적인 경험을 기반으로 한다.

찾아보기

함수형 프로그래밍

함수적으로 생각하고 코드 복잡성 관리하기

발 행 | 2024년 2월 16일

옮긴이 | 이 진 호 · 한 용 진
지은이 | 잭 위드먼

펴낸이 | 권 성 준
편집장 | 황 영 주
편 집 | 김 진 아
         임 지 원
디자인 | 윤 서 빈

에이콘출판주식회사
서울특별시 양천구 국회대로 287 (목동)
전화 02-2653-7600, 팩스 02-2653-0433
www.acornpub.co.kr / editor@acornpub.co.kr

한국어판 ⓒ 에이콘출판주식회사, 2024, Printed in Korea.
ISBN 979-11-6175-821-3
http://www.acornpub.co.kr/book/functional-programming

책값은 뒤표지에 있습니다.